KB024378

말이 힘이 될 때

말이 힘이 될 때

최동석 지음

아나운서 최동석의
가장 인간적인 소통법

클랩북스

'잘 들리는 말'보다
'가슴에 남는 말'을 하기 위해

나는 20여 년 동안 아나운서로 살아왔다. 거의 매일 생방송을 소화했고, 하루에도 여러 차례 방송을 했으니 남들 앞에서 말하는 것을 밥 먹듯이, 아니 밥 먹은 횟수보다 더 많이 했다고 해도 과언이 아니다. 뉴스부터 예능까지 다양한 방송을 진행했고, 아나운서 100여 명을 관리하는 총괄팀장으로서 여러 이해관계를 조율하며 그들 사이를 촘촘하게 연결하는 소통의 다리 역할도 했다. 모든 아나운서의 꿈인 KBS 9시 뉴스 앵커 자리에도 앉아봤으니 사실 '말'로 이루고 싶은 것은 다 이뤄본 셈이다.

인생의 한 단락을 마무리하면서 글을 쓰기 시작했다. 누구보다 말을 잘하는 방법에 대해 깊이 있게 알고 있다고 생각했고, 잘 알려줄 수 있다고 믿었다. 하지만 책을 써 내려가는 과정은 내 안에 차고 넘치는 생각과 경험을 담아내는 시간이 아니라, 스스로에게 날카로운 질문을 던져 답을 캐내야 하는 시간이었다. 어느 날 이 물음이 머릿속을 맴돌았다.

'그토록 많은 말을 했지만, 가슴에 남는 말을 했을까?'

아나운서로서 '잘 들리는 말'은 할 수 있었지만, '가슴에 남는 말'을 했는지는 또 다른 문제였다. 생각이 여기에 이르니 '말을 잘한다는 것은 어떤 걸까?', '과연 내가 해온 말들은 사람들의 가슴에 남았을까?'라는 질문이 꼬리에 꼬리를 물었고, 글쓰기도 잠시 멈춰야만 했다.

시중에 나와 있는 스피치 강사들의 말하기 책은 대부분 기술적인 측면을 바탕으로 한다. 이를테면 말하는 사람과 듣는 사람, 둘 사이에 커뮤니케이션을 방해하는 '노이즈'를 제거해야만 효율적으로 소통할 수 있고, 사투리를 쓰지 않아야하며, 발음은 정확해야 하고, 발성은 이렇게, 제스처는 저렇게 해야 한다고 말이다.

하지만 기술적인 말하기 능력이 채워졌다고 해서 말을 잘한다고 할 수 있을까? 만약 그 전제가 언제나 옳다면, 대한민국에서 아나운서의 말발이 가장 잘 먹힐 것이다. 유려한 말솜씨, 현란한 말재주는 순간적으로 사람들의 마음을 현혹할 수는 있겠지만, 소통과 대화의 본질은 좀 다른 차원에 있는 것이 아닌가 하는 생각이 들었다. 마음속 깊이 오래 남을 말, 가슴을 뜨겁게 하는 말을 하기 위해서는 '얕은 기술'을 갈고 닦는 데 집중하기보다 '진심의 깊이'를 고민하는 것이 더 먼저가 아닐까.

고민 끝에 얻은 결론은 '어떻게'보다 '무엇을'이다. 물론 '어떻게' 말할 것인지도 중요하겠지만, 그보다 더 먼저 헤아려야 할 것은 내 안의 '무엇을' 꺼내 말할 것인지가 아니겠는가.

세상의 온갖 말들이 모이고, 이런저런 말들이 끊임없이 생산되는 '말 공장'에 오랫동안 몸담으면서 말의 힘에 대해선 몸소 체험해왔다. 함부로 휘두른 말에 멍들어 아파하고, 날이 선 말에 가슴이 찔리는 모습을 눈앞에서 보았다. 반면 따듯한 말 한마디에 힘을 얻고, 다시 상대에게 힘이 될 덕담을 이어가는 훈훈한 모습도 보았다.

고민의 답이 바로 여기에 있다고 생각했다. 모든 말은 관계 속에서 존재한다. 현란한 기술보다, 유창한 어휘보다 중요한 것은 말하는 '태도'이고 상대에 대한 '배려'이다. 온 마음을 다해 듣고, 거리낌 없이 감사하고, 실수를 인정하며 기꺼이 사과하고, 가까운 이들에게 사랑의 마음을 전하는 순간, 말은 힘을 발휘한다. 관계를 다지고, 태도를 바꾸며, 품격을 높이는 놀라운 힘 말이다.

상대에게 힘이 되는 말을 전하기 위해, 또 진정한 말의 힘을 기르기 위해 고민하고 애쓰는 모든 이들에게 조금이나마 도움이 되길 바라는 마음으로 이 책을 썼다. 1장에서는 맘 같지 않은 상황에서도 선 넘지 않고 말하는 태도에 관해, 2장에서는 누군가에게 힘을 주는 따뜻하고 다정한 말에 대해, 3장에서는 스스로 말의 힘을 길러 신뢰를 얻고 품격을 높이는 방법에 대해 내 나름의 지식과 경험담을 풀어냈다. 각 장의 마지막에는 20년 아나운서 내공을 담아 구체적인 말하기 훈련법도 추가했다.

이 책이 부디 말의 힘을 긍정적으로 쓰고, 발휘하는 데 도움이 되길 바란다. 기술적으로 훌륭한 말하기 비법을 넘어서 소통의 본질을 고민하고, 가장 인간적인 대화로 상대와의 관계를 이어 나가고 싶은 이들에게 길잡이가 되어줄 것이라 기대한다.

최동석

(1장) 적절하게 말하고 싶다

할 말 다 하고,
선 넘지 않는 태도

(2장) 힘이 되는 다정한 말

마음을 열고, 사람을 얻는
따뜻한 한마디

3장 당신의 말이 빛나는 순간

신뢰와 품격을 더해
'말의 힘' 기르는 법

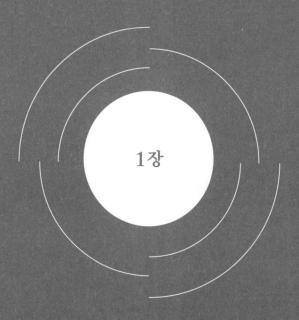

1장

적절하게
말하고 싶다

할 말 다 하고,

선 넘지 않는 태도

'기분에 휘둘리지 않고, 생각이 오해받지 않고,
 정확하게 전달하고, 적절하게 말하고 싶다.'
말에는 감정이 실리기 쉽다. 생각이 오롯이 묻어나기 쉽다.
기쁘면 기쁜 대로, 화나면 화난 대로, 생각하면 생각한 대로
감정이나 생각이 정제될 시간 없이
즉각적으로 튀어나올 수 있기에 경계해야 한다.
쓰는 행위를 통해 이성이 개입할 시간을 가질 수 있는
'글'에 비해 '말'이 더 어렵다면
바로 이런 이유 때문일 것이다.
중요한 것은 '태도'이다.
설득해야 할 때 진중하게, 질책해야 할 때 합당하게
거절해야 할 때 품격 있게, 개선해야 할 때 정확하게
지금 우리에게 필요한 것은 선 넘지 않고 말하는 태도이다.

불편한
상황을

정리하는
말

아내는 먼저 서울로 출장을 떠났고, 나와 아이들은 제주를 떠나 서울로 향하는 길이었다. 비행기에서 내려 김포공항에서 택시를 잡아타고 올림픽대로를 달리기 시작하는데, 어쩐지 불편한 이 느낌은 왜일까? 서울의 교통 체증이야 익히 겪은 일이니 사실 별다를 것이 없고….

유난히 차가 흔들흔들 덜컹거리는 이유를 찾기 위해 시선을 돌려 기사님을 바라봤다. 맙소사! 기사님의 운전이 문제였다. 택시 기사님은 핸들을 붙잡지 않고 두 손을 가지런히 다리 위에 내려놓고 계신 게 아닌가. 그렇게 손 놓고 주행을 하다가 차가 슬금슬금 옆으로 움직이면 다시 '덜컹' 핸들을 잡았다가 또 두 손을 핸들에서 떼었다가를 반복하고 있었던 것이다.

혹여나 스마트 크루즈 컨트롤Smart Cruise Control 기능을 이용한 것이 아니냐고 반문하지 마시기를 바란다. 우리가 탄 택시는 그런 최신 기능이 나오기 한참 전에 만들어진 구형 소나타였다. 핸들에서 손을 떼고 있다가 갑자기 핸들을 움켜잡으니 차가 흔들거리고 덜컹거리는 게 당연했다. 뒤를 돌아보니 아이들도 멀미가 나는지 얼굴이 새파랗게 질려 있었다.

나는 낯선 사람에게 싫은 소리를 잘 못하는 성격이다. 하지만 이건 운전 스타일에 대한 간섭이 아니라고 판단했고, 한마디 해야겠다는 생각이 들었다. 아이들이 타고 있었고, 안전과 직결된 문제였다. 이런 상황에서 어떻게 의사를 전하는 것이 좋을까?

"기사님, 두 손으로 운전대를 잡아주셨으면 좋겠네요."

기사님이 놀란 눈으로 "네?"라고 되물으셨다. 나는 이어서 차분하게 이유를 설명했다.

"기사님이 운전대를 놓았다가 갑자기 잡으시면서 차가 많

불편한 상황을 정리하고 싶을 때는
상대에게 내가 왜 불편한지에 대해 차분히 설명하고,
어떻게 개선했으면 좋겠는지 명확히 제시해야 한다.
이런 과정을 생략하고
대뜸 요구사항만 늘어놓는다든지,
상대를 비난하며 조급하게 대화를 시작한다면
상황은 더 악화될 뿐이다.

이 덜컹거립니다. 멀미가 심하게 나고, 사고가 날 수도 있으니 안전을 위해서라도 두 손으로 핸들을 잡아주세요."

그제야 기사님은 "아, 네!"라고 답하고 멋쩍은 듯 허허 웃으시며 두 손으로 핸들을 잡았다. 정중하게 핸들을 잡아달라는 부탁과 함께 그 이유에 대한 분명한 설명을 덧붙이니 기사님 입장에서는 받아들이지 않을 수 없었을 것이다. 또 안전과 직결된 문제 제기를 지나친 간섭으로 치부하거나 반격하기는 쉽지 않았을 것이다.

불편한 상황에서 침묵을 지키는 것만이 능사는 아니다. 자신이 불편한 부분을 명확히 설명하고, 그 근거를 제시하는 것이 상황을 빠르게 개선할 수 있는 길이다. 다만 그 근거를 밝힐 때는 상대의 마음이 상하지 않도록 배려할 필요가 있다. 만약 이렇게 말했다면, 기사님의 태도가 원하는 방향으로 바뀌었을까.

"아니, 운전을 왜 그딴 식으로 해요? 멀미 나서 살 수가 없네."

영문도 모른 채 공격당했다고 생각한 기사님은 전혀 다른 반응을 보였을 수도 있다. 이런 말로 감정이 상했다면 상황이 더욱 불편해질 수도 있고, 심지어 안전을 보장받지 못할 수도 있다.

다시 한번 강조하지만, 불편한 상황을 정리하고 싶을 때는 상대에게 내가 왜 불편한지에 대해 차분히 설명하고, 어떻게 개선했으면 좋겠는지 명확히 제시해야 한다. 이런 과정을 생략하고 대뜸 요구사항만 늘어놓는다든지, 상대를 비난하며 조급하게 대화를 시작한다면 상황은 더 악화될 뿐이다.

단호하고 명확하게 할 말을 했던 이유는 단지 우리가 목적지까지 편하게 가기 위해서만은 아니었다. 내가 그날 말하지 않았다면 또 다른 승객이 그 택시를 타고 멀미와 불안에 시달렸을 것이다. 두 손을 놓고 운전하는 습관을 가졌던 기사님은 그 이후 나의 직언을 떠올리며 단단히 핸들을 붙잡고 운전하시리라 믿는다.

질문의
본질을

알고
답하는 것

내 인생에서 가장 혹독했던 면접은 KBS 입사 시험을 치를 때였다. 1차 카메라 테스트, 3차 심층 카메라 테스트, 4차 사장단 면접 등을 거치며 받은 질문만 수십여 개였다. 그때 나는 수많은 질문 속에서 '그 사람이 왜 묻겠어?'를 먼저 생각했던 것 같다. 이를테면 '질문의 본질'을 이해하고, 그 핵심을 관통하는 답을 내놓으려 노력한 것이다.

아나운서로 활동하면서 중·고등학생 혹은 대학생이나 아나운서 지망생을 대상으로 강연할 기회가 종종 있었다. 이런 자리에서 청중에게 꼭 한 번씩 던지는 질문이 있다.

"아나운서는 뭘 하는 사람인가요?"

이 질문에 대부분이 이렇게 답한다.

"뉴스를 진행하는 사람이요."
"TV 프로그램을 진행하는 사람이요."
"스포츠 중계를 하는 사람이요."

모두 틀린 답은 아니다. 하지만 실제 아나운서 시험에서 이런 답을 내놓는다면, 합격하기에는 어려울 수 있다. 왜냐하면 그런 대답은 누구나 할 수 있고, 누구나 예측할 수 있는 수준으로 차별성과 변별력이 크게 없기 때문이다.

이 질문은 KBS 입사 면접시험 3차 심층 카메라 테스트 때 실제로 내가 받았던 질문이다.

"최동석 씨, 아나운서는 뭘 하는 사람입니까?"

나는 이렇게 답했다.

"네덜란드 암스테르담 국립미술관에는 「노인과 여인」

Cimon and Pero이라는 그림이 전시되어 있습니다. 이 그림은 노인이 젊은 여인의 젖가슴을 빠는 모습을 담고 있습니다. 사람들은 한 나라의 국립미술관에 어떻게 저런 포르노그래피가 걸려 있냐고 손가락질합니다. 하지만 사실 노인은 '음식물 반입 금지(아사형)'라는 형을 받아 굶어 죽어가는 투사였고, 여인은 갓 아이를 출산한 노인의 딸이었습니다. 딸은 아버지의 마지막 모습이라도 보기 위해 감옥에 있는 아버지를 찾아갑니다. 굶어 죽어가는 아버지의 모습을 보면서 딸은 한 치의 망설임도 없이 아버지에게 젖을 물린 겁니다. 같은 그림이지만 누군가는 포르노그래피라며 손가락질하고, 또 다른 누군가는 눈물을 흘리기도 합니다. 그림의 진실을 아는지, 모르는지에 따라 전혀 다른 반응을 보이게 되는 겁니다. 아나운서는 대중에게 제대로 된 정보와 왜곡 없는 진실을 전달함으로써 같은 그림을 보고도 눈물짓게 해야 하는 사람이라고 생각합니다."

만약 당신이 심사위원이라면 누구를 뽑겠는가? 짤막하게 "뉴스를 진행하는 사람이요"라는 답변을 하는 사람을 굳이 질문의 본질을 알아차리는 것은 매우 중요하다.

본질을 안다는 것은

핵심을 이해하는 것이다.

그 핵심을 담아 답변할 때

질문을 던진 상대의 마음은 움직일 수밖에 없을 것이다.

뽑아야 할 이유가 있을까? 심사위원도 아나운서가 뉴스를 진행하는 사람인지 몰라서 묻는 게 아니다. 그 본질을 어떻게 표현하는지 알고 싶어 던진 질문일 것이다.

나의 답이 100점짜리였다는 의미는 절대로 아니다. 다만 질문의 의도에 대해 얼마나 고민했는지, 상대의 마음을 움직일 수 있는 답변을 했는지가 이 면접시험의 결과를 결정짓는 요소라는 얘기를 하고 싶은 것이다. 수많은 지원자 중에 아나운서에 적합한 인물을 찾기 위해 분명 심사위원은 그에 적합한 질문을 선별했을 것이다.

'저 사람이 왜 물을까?'

질문이 단순히 궁금한 것을 묻는 기능만 하는 것은 아니다. 자신의 의도를 상대방이 정확하게 알아차리는지 식별하기 위해 던지기도 한다. 따라서 질문을 받을 때 그 본질을 알아차리는 것은 매우 중요하다. 본질을 안다는 것은 핵심을 이해하는 것이다. 그 핵심을 담아 답변할 때, 질문을 던진 상대의 마음은 움직일 수밖에 없을 것이다.

당신은
'멀티 톤'이

가능한가

영화「킹스맨 : 시크릿 에이전트Kingsman : The Secret Service」의 한 장면. 주인공인 콜린 퍼스와 태런 에저튼이 펍에 앉아 대화를 나눈다. 이때 갑자기 악당들이 문을 열고 태런 에저튼을 잡으러 들어온다. 악당 중 한 명이 높고 앙칼진 톤으로 주인공을 향해 삿대질하며 외친다.

"젠장, 너 여기서 뭐 해? 날 씹고 있냐?"

콜린 퍼스는 그들을 쳐다보며 낮고 차분한 어조로 말한다.

"저 친구들도 부잣집 자식이 아니라 저 모양인가?"

악당과 주인공의 대화가 잠시 이어지고, 그 유명한 장면이 등장한다. 콜린 퍼스가 문을 걸어 잠그며 내뱉는 한마디.

"매너가 사람을 만든다."

(Manners maketh man.)

'매너'를 우리에게 익숙한 동양의 개념으로 바꾸자면 '예의' 혹은 '태도'가 된다. 그 사람의 사람됨을 드러내 주는, 그래서 사회 구성원으로서 응당 갖춰야 할 말투 또는 몸가짐을 이른다. 동서양을 막론하고 예의의 중요성은 굳이 강조할 필요가 없고, 특히 상황에 맞는 '말투'는 매너를 갖추는 데 필수적인 요소이다.

말투 중에서도 말의 높낮이, 억양 등을 포함한 '톤'을 조절하는 능력은 말의 품격을 높이는 데 결정적인 역할을 한다. 앞서 영화에서도 나타나지만 주인공은 낮고 차분한 어조, 악당은 껄렁하면서도 높고 앙칼진 어조로 표현된다. 이런 장치는 영화 속의 극적인 표현뿐만 아니라 현실에서도 비슷하게 통한다.

말의 톤은 에너지의 흐름을 반영한다. 목소리 톤이 높은 사람들은 활동적이고 에너지가 충만한 느낌을 준다. 반면, 톤이 낮으면 차분하고 진중한 느낌을 준다.

단순 전달력 측면에서는 톤이 높은 것이 유리할 수 있다. 예를 들어, 행인이 많은 길가에 서서 홍보하는 사람의 목소리를 들어보자. 번잡하고 시끄러운 곳에서 낮은 톤으로 말한다면, 아마 잘 들리지 않고 주목받기 어려울 것이다. 강한 에너지가 느껴지는 높은 톤의 목소리가 주목받기 좋고, 잘 들리기도 하기에 전달력을 높이는 데는 훨씬 유리하다.

반면, 낮은 톤은 신뢰도를 높인다. 비싼 자동차나 부동산, 보험 등을 계약할 때 세일즈맨들의 목소리는 길가 상점의 점원과는 다른 톤이다. 이런 중요한 계약을 할 때 세일즈맨의 목소리가 높고 방방(!) 뜬다면, 아마 피식 웃음이 나오긴 하겠지만 도장을 찍기에는 왠지 꺼림칙할 것이다. 이럴 땐 차분하면서도 믿음직한 톤이 필요하다.

그렇다면 어떤 톤을 선택하는 것이 좋을까? 무엇보다 한 가지 톤만 고집할 필요가 전혀 없다는 것을 강조하고 싶다. 나는 '멀티 톤'이 소통에 있어 정말 중요한 능력이라고 생각한다. 상황과 분위기에 따라 자유자재로 말의 톤을 바꿀 수 있는 능력. 때로는 가볍고 유머러스하게 분위기를 띄울 줄도 알고, 때로는 진지하게 상대를 설득할 줄도 알아야 한다.

사실 기본적으로 사람의 성격에 따라, 말의 톤은 다르다. 당신이 아는 사람 중 한 명을 떠올려 보자. 아마도 가장 먼저 그의 고유한 이미지가 떠오를 것이다. '그 친구는 항상 통통 튀는 느낌이야', '저 친구는 항상 진지하지'처럼…. 그런데 그 이미지를 결정하는 큰 요소 중 하나가 '말의 톤'이다. 말의 톤은 습관처럼 각자에게 물들어 있다.

하지만 고유의 톤을 갖고 있더라도 상황에 따라 톤을 자유자재로 구사할 줄 아는 '멀티 톤'은 매우 중요한 커뮤니케이션 능력이다. 나는 멀티 톤을 '진폭이 큰 톤'이라고도 표현한다. 파도의 높낮이가 다른 것처럼 말의 톤도 진폭이 있어야 한다. 서퍼들이 왜 파도타기에 매력을 느끼겠는가. 파도의 높낮이가 다르고 예측이 어렵기 때문이다. 파도의 높낮이가 예측 가능하고 일정하다면, 서핑의 재미는 반감될 것이다. 예측하지 못한 파도를 타고 나아갈 때 가장 짜릿함을 느낄 수 있다.

나는 '멀티 톤'이 소통에 있어
정말 중요한 능력이라고 생각한다.
상황과 분위기에 따라 자유자재로
말의 톤을 바꿀 수 있는 능력.
때로는 가볍고 유머러스하게 분위기를 띄울 줄도 알고,
때로는 진지하게 상대를 설득할 줄도 알아야 한다.

말의 톤도 마찬가지다. 때로는 흥미를 불러일으키고 생동감 있는 톤이었다가 결정적인 순간에 진지한 톤으로 상대에게 신뢰를 줄 수 있어야 한다. 한 문장 안에서 말의 톤을 바꾸는 것만으로 전달하는 의미가 달라지기도 한다. 예를 들어보겠다.

"나는 저 친구를 때리지 않았어요."

'나는'을 강조하면 나는 저 친구를 때리지 않았지만 다른 사람이 저 친구를 때렸다는 의미로 해석될 수 있다. '저 친구'를 강조하면 내가 다른 사람은 때렸을지 몰라도 '저 친구'만은 때리지 않았다는 의미가 된다. '때리지 않았어요'를 강조한다면 저 친구를 괴롭히기는 했지만 때리지는 않았다고 해석될 수 있다. 말의 톤, 억양이 강조하는 것에 따라 전달되는 의미가 달라지는 것이다.

글로는 전달하기 어려운 느낌을 말의 톤으로 표현할 수 있다. 말의 톤을 세심하게, 혹은 다이내믹하게 바꾸고 조절하는 능력만으로 당신과 대화하는 것이 훨씬 더 흥미로울 수 있다. 더불어 정확한 소통을 하는 데도 도움을 준다. 자연스레 '내 말뜻은 그게 아닌데…' 하는 오해의 소지도 줄어들 것이다.

무엇보다 당신이 누군가에게 단 한 줄로 정의되는 이미지로 남게 하지 마라. 예측하기 어려운 파도가 흥미로운 것처럼 '멀티 톤'으로 말하는 당신은 분명 많은 이들에게 흥미롭고 매력적인 사람이 될 것이다. 당신의 매력도를 높이기 위해서라도 오늘부터 멀티 톤을 연습해보는 것은 어떨까.

누군가에게

칼이
되는 말

"필리핀 세부 공항에서 승객과 승무원 173명을 태운 대한 항공 여객기가 착륙 도중 활주로를 벗어나는 사고가 일어났습니다. 현지 기상 상황이 좋지 않아 세 차례 착륙을 시도하다가 사고가 났는데, 현재까지 다친 승객은 없는 걸로 파악됐습니다."

2022년 10월 24일 모 방송사의 아침 뉴스의 앵커 멘트이다. 기상 상황이 좋지 않은 상황에서 대한항공 여객기가 필리핀 세부 공항에 착륙하려다가 활주로를 이탈하는 사고가 났다는 내용이다. 이 항공기에는 승객 162명과 승무원 11명이 타고 있었다고 한다. 언뜻 큰 문제가 없어 보이는 내용이지만, 마지막 멘트가 마음에 걸렸다. 현재까지 다친 승객이

다친 승객은 없다는 말, 가벼운 부상이라는 말.

이런 섣부른 예단의 말은 미처 확인할 시간이 없어서,

혹은 지면을 채우기 위해

어쩌면 악의 없이 쓰였을지 모르지만,

그 기사를 본 또 다른 기자의 글로 일파만파 퍼져

어느새 진실이 되고, 칼이 되어

당사자에게 돌아온다.

없는 것으로 파악된 것이 확실하다면, 어떻게 확인된 걸까. 혹시 섣부른 예단의 말은 아니었을까.

앵커로서 가장 경계했던 말이 바로 섣부른 예단의 말이었다. 확인되지 않은 사실이 앵커의 입을 통해 전달되는 순간, 진실이 거짓이 되고 거짓이 진실이 되어버릴 위험이 생긴다. 기상 상황이 좋지 않아 두 번이나 착륙 시도를 했고, 세 번째 착륙 시도 끝에 비행기는 활주로를 이탈해 고꾸라졌다. 당장 겉으로 보이는 부상자가 없을지 몰라도 승객과 승무원들은 분명 공포에 떨었을 것이고, 시간이 흐르면서 불편을 호소하는 부상자 역시 생길 수 있다.

나도 큰 교통사고를 당해봤다. 술을 마신 트럭 운전자가 고속도로를 역주행해 내가 운전하던 차를 정면으로 들이받았다. 가족들도 모두 함께였다. 병원 응급실에 실려 갔는데, 기사가 나기 시작했다. '가벼운 부상'이라는 단어가 등장했다. 당일에 우리의 상태가 어떤지 직접 확인한 기자는 한 명도 없었다.

나는 손가락이 찢어지고 팔의 피부가 벗겨졌다. 안전벨트를 했던 어깨와 몸 구석구석에 멍이 들었고, 목과 허리를 제대로 가누기 힘들었다. 딸아이는 다리를 다쳤고, 아들은 흉통을 호소했다. 아내는 손목뼈가 부러지고 인대가 끊어졌다. 핀을 박는 수술까지 해야 했고, 아직까지 후유증에 시달린다. 그들은 도대체 누구의 상태를 확인하고 기사를 쓴 것일까?

다친 승객은 없다는 말, 가벼운 부상이라는 말. 이런 섣부른 예단의 말은 미처 확인할 시간이 없어서, 혹은 지면을 채우기 위해 어쩌면 악의 없이 쓰였을지 모르지만, 그 기사를 본 또 다른 기자의 글로 일파만파 퍼져 어느새 진실이 되고, 칼이 되어 당사자에게 돌아온다.

일상에서도 타인의 의도를 지레짐작하는 말들이 아무렇지 않게 쓰인다.

"아마 이래서 그랬겠지!"

"그 사람 원래 그렇지 않았어?"

이런 말은 돌고 돌아 부메랑처럼 원래의 자리로 돌아오기도 한다. 남의 얘기니까, 별 뜻 없이, 그래서 무감각하게 내뱉은 말들이 우리 일상을 공기처럼 부유하다가 언젠가, 누구에게라도 되돌아오지 않으리란 법이 없다. 그래서 함부로 예단하지 말아야 한다. 그것은 진실의 함정을 망각한 말이다.

거짓이라면 당연히 내뱉지 말아야 한다. 진실이라고 해도 다시 한번 확인하고 재차 생각해야 한다. 그래야 의도와 상관없이 나의 말이 칼이 되는 불상사를 막을 수 있다.

엎질러진
말,

지워지지 않는
자국

"그 말은 하지 말걸⋯."

누군가와 대화를 나눈 후에, 혹은 공개적인 자리에서 괜한 말을 내뱉어 후회해본 적이 있는가. 아마도 대부분의 사람들이 말실수에 대한 후회와 자책의 경험이 한 번쯤 있을 것이다. 그 후회와 자책의 패턴이 얼마나 자주 반복되느냐도 문제이지만, 말실수 자체를 아예 인식하지 못하는 것도 관계를 이어 나가는 데 있어 치명적인 요소가 된다.

한 번 엎질러진 말은 주워 담을 수 없다. 이미 그것을 듣고 본 사람이 존재하기 때문이다. 내 의도와는 다르게 잘못 전달된 말은 평생을 꼬리표처럼 따라다니는 유령과도 같은 존재가 될 수도 있다. 그래서 입을 떼고 내 생각을 세상 밖으로 꺼내놓을 때는 항상 신중해야 한다.

특히 공개적인 자리에서는 말실수를 조심해야 한다. 더군다나 말 한마디, 한마디가 대중에게 전송되는 방송의 경우 더욱 무거운 책임감이 뒤따른다.

신입 아나운서 시절, 어린이 노래 경연 프로그램을 진행한 적이 있다. 으레 그래왔듯 프로그램을 마무리하며 우승자를 발표하는 시간이었는데, 함께 진행하는 아나운서가 우승자를 발표하자 스태프들이 웅성거리며 분주해지기 시작했다.

자초지종을 알고 보니, 작가가 전해준 종이에는 우승자와 준우승자가 뒤바뀌어 있었다. 상황을 설명하고 정정해서 다시 발표했지만, 참가한 아이들은 아이들대로 이미 마음이 상해 있었고, 아이들의 부모도 화가 나는 게 당연한 일이었다.

제작진의 실수였지만, 우승자 발표를 맡은 아나운서는 고개를 숙일 수밖에 없었다. 공개적인 자리에서 잘못된 메시지를 전하는 것이 얼마나 큰 파급력을 갖는지 뼈저리게 느낀 경험이었다.

그렇다면 말실수를 줄이려면, 어떻게 하는 것이 좋을까?

일단 말을 줄여야 한다. 말이 많으면, 실수가 잦아진다. 사실 '줄인다'는 것도 어떤 말은 거르고 어떤 말은 남길지 판단하는 일인데, 이 기준을 어떻게 정할 것인지도 중요하다.

'상황에 잘 맞게, 확실하게 확인된 사안을, 가감 없이 있는 그대로 전하는 것'.

이를테면 이렇게 각자의 분명한 기준을 세우고, 이를 지키려는 노력만으로도 실언은 점차 줄어들게 될 것이다.

특히 남에 대한 말은 삼갈수록 좋다. 전해지는 과정에서 오류가 있을 수 있고, 그 오류의 파장은 결국 말을 옮겼던 사람에게도 되돌아올 수 있다. 하물며 직접 남의 험담을 하는 것은 더 말할 것이 없다.

칭찬의 말 또한 전하는 입장이라면 매우 조심스러워야 한다. 한 선배 중에 칭찬을 입에 달고 사는 분이 있었다. 좀 불편하다 싶게 과한 칭찬을 쏟아붓고, 남에 대한 칭찬 역시 매번 전하는 분이었는데, 어느 날 다른 사람과 둘러앉아 남을 험담하는 모습을 보고 깨달았다. '그동안의 칭찬은 처세술이

었나?' 하는 생각에 배신감마저 밀려왔다. 좋은 말이든 나쁜 말이든 당사자가 없는 자리에서 그 어떤 평가도 내리지 않는 것이 좋겠다고 결심하게 된 계기가 되었다.

말실수를 줄이기 위한 두 번째 방법, 말하기 전에 글로 한 번 정리해보는 것이다. 중요한 자리에서 말해야 할 때, 중요한 사람과 만나야 할 때, 해야 할 말들을 한번 글로 써보면 실수는 줄고, 해야 할 말은 다 할 수 있게 된다.

말에는 감정이 실리기 쉽다. 기쁘면 기쁜 대로, 화나면 화난 대로, 그 감정이 말투에 녹아들기 마련이다. 따라서 감정이나 생각이 정제될 시간 없이 즉각적으로 튀어나올 수 있는데, 글은 그렇지 않다. 쓰는 행위를 통해 감정은 차분하게 가라앉히고, 이성이 개입할 시간을 가질 수 있다.

정리하면 이렇다. 칭찬이든, 험담이든, 정제되지 않은 감정이든 내 입에서 나가 말이 되는 순간, 그 책임은 오롯이 나의 것이 된다. 입을 통해 마구 뿜어진 수증기는 공기 중에 흩어져 이내 사라져버릴 수도 있지만, 많은 양이 모이고 모여 구름이 되면 끝내 비를 뿌리게 될 수도 있다.

내가 모르는 사이, 나도 모르는 곳에서 태풍처럼 커져 천

칭찬이든, 험담이든, 정제되지 않은 감정이든

내 입에서 나가 말이 되는 순간,

그 책임은 오롯이 나의 것이 된다.

내가 모르는 사이, 나도 모르는 곳에서

태풍처럼 커져 천재지변을 일으키지 않으려면,

내 말이 어떤 결과를 낳을지 먼저 고민한 후에

비로소 말하는 태도가 매우 중요하다.

재지변을 일으키지 않으려면, 애초에 내 말이 어떤 결과를 낳을지 먼저 고민한 후에 비로소 말하는 태도가 매우 중요하다.

한번 엎질러진 말은 지워지지 않는 자국을 남긴다.

가깝다는
이유로

선을 넘는
당신에게

뇌과학자 정재승 교수는 한 방송에서 우리가 가까운 사람에게 더 많이 그리고 자주 화를 내는 이유에 대해 설명했다. 우리는 왜 가장 소중한 부모나 형제·자매, 배우자, 자녀들에게 더 날카로운 말을 내뱉게 되는 것일까?

인간의 뇌에는 자신을 인지하는 영역과 타인을 인지하는 영역이 있다. 그런데 그 두 영역 중 나와 가깝다고 생각하는 사람일수록 나를 인지하는 영역에 가깝게 저장된다. 문제는 저장하는 것뿐만 아니라 자신처럼 통제할 수 있다고 착각하게 되는 것이다.

타인을 '통제의 대상'으로 착각하면 불행이 시작된다. 내 말을 따르지 않는 순간 분노가 차오르기 때문이다. '너는 내 말을 따라야 하는 사람이야', '감히 네가 내 말을 거역하다니?'와 같은 착각이 문제의 근원이 되는 것이다. 스토킹과 같은 범죄도 이처럼 상대를 통제할 수 있다고 믿는 것에서부터 시작된다. 자신의 마음을 받아주지 않았다는 사실을 이유로 불같이 화를 내고 상대를 해하게 되는 것이다.

아무리 가까운 사이라고 해도 분명 나와는 다른 별개의 인격체라는 걸 인정하는 것에서부터 '선을 지키는 관계'는 가능해진다. 그렇지 않으면 일이 잘못되었을 경우 자신을 자책할 때처럼 남을 탓하는 말이 튀어나온다. 나와 타인에 대한 구분이 명확하지 않기 때문에 나를 탓하던 말들이 상대를 향하는 말로 은연중에 바뀌는 것이다.

"내가 하는 일이 다 그렇지."

→ "네가 하는 일이 다 그렇지."

"난 왜 항상 이 모양 이 꼴일까?"

→ "넌 왜 항상 그 모양 그 꼴이니?"

당하는 사람 입장에서는 '내가 남보다 못한가?'라는 생각에 이르게 되어 더욱 괴롭고 서운하다.

친밀한 사이에는 오히려 분명한 선이 있어야 한다. 그리고 그 선을 넘지 않도록 항상 조심할 필요가 있다. 그 선이라는 것은 감정적 거리감을 말하는 것이 아니라, 관계에 있어서 일종의 '인계철선'과 같다. 최소한 그 선만큼은 닿지 않도록 인지하고 살피는 게 우선이지만, 혹여나 감정의 미사일로 상대의 인계철선을 툭툭 건드리면 언젠가 폭발하게 된다는 사실을 명심해야 한다.

원활한 소통의 핵심을 관통하는 주제는 결국 상대에 대한 존중이다. 타인을 존중하는 마음은 은은하게 배어나는 향기와 같아서 감추려고 해도 드러나게 된다. 경청하는 것, 상대의 말에 반응하는 것, 눈을 맞추고 미소 짓는 것, 이 모든 행위가 소통하는 사람에 대한 존중의 마음이 없으면 나올 수 없는 행동이다.

이 글을 쓰면서 문득 가장 미안한 사람이 떠오른다. 바로 나의 어머니이다. 가깝다는 이유로 어머니 앞에서 나는 불평불만을 쏟아내곤 했다. 그 불평불만이란 것도 결국 나의 부족한 부분에 대한 자책이었던 듯하다. 언제나 받아줄 것

친밀한 사이에는 오히려 분명한 선이 있어야 한다.
그 선이라는 것은 감정적 거리감을 말하는 것이
아니라 관계에 있어서 일종의 인계철선과 같다.
최소한 그 선만큼은 닿지 않도록
인지하고 살피는 게 우선이지만,
혹여나 감정의 미사일로
상대의 인계철선을 툭툭 건드리면
언젠가 폭발하게 된다는 사실을 명심해야 한다.

같고, 그래도 괜찮겠지라는 생각에 가장 사랑하는 사람에게 해야 할 말, 하지 말아야 할 말을 구분하지 않고 쏟아내고 말았다.

가까운 관계란 보통 사랑이라는 감정으로 단단하게 묶여 있는 관계다. 그간 넘지 말아야 할 선을 쉽게 넘나들었다는 반성이 든다면, 진심 어린 사과의 말을 전해보자.

아마 당신의 바로 옆에 있는 사람은 "괜찮다"고 말할 수도 있고, "그걸 이제 알았냐?"고 답하며 슬며시 미소 지을 수도 있겠다. 어느 경우라고 해도 그동안 그 사람은 당신을 존중해왔다는 증거이다. 사랑하기 때문에, 존중하기 때문에 참아왔다는 사실을 이제라도 알게 된다면, 이번에는 내가 헤아려주고 보듬어주려 노력해볼 차례이다.

잘못을

질책할 때

나는 방송을 하면서 큰 실수를 저지르지 않는 편이었다. 내 생각에는 이 일이 있고 나서 스스로를 더 엄격하게 다뤘기 때문이 아닐까 싶다. 조금 부끄러운 일이긴 하지만, 말에 대한 좋은 예가 될 것 같아 이야기를 풀어본다.

신입사원 때 일이니 꽤 오래전이다. 아나운서들은 주말에도 돌아가면서 근무를 한다. 휴일이라고 해서 뉴스가 멈추는 건 아니니까. 주말 아침 근무 중이었고, 정해진 라디오 뉴스들을 차례로 소화하고 마지막 뉴스만을 남겨두고 있었다.

보통 뉴스 시작 30여 분 전에 보도국으로 넘어가 원고를 받고 방송 준비를 해야 한다. 아나운서실은 KBS 본관에 있고, 뉴스 스튜디오는 신관에 있기에 구름다리를 건너 보도국으로 향하고 있었다. 이때 한 통의 전화가 걸려 왔다.

어머니의 전화였다. 아들이 근무할 때는 전화하실 분이 아닌데, 뭔가 다급한 일이 생겼다는 뜻이다. 수화기 너머로 어머니의 신음소리가 들렸다. 평소 허리가 불편한 어머니가 급작스러운 허리 통증으로 바닥에 그대로 쓰러지셨고, 이를 알리기 위해 나에게 전화를 거신 것이다.

"아…, 어머니, 지금 빨리 갈게요."

전화를 끊자마자 나는 엘리베이터를 타고 주차장으로 내려갔고, 차를 몰고 집으로 내달렸다. 열심히 강변북로를 달리고 있는데, 회사 번호로 전화가 걸려 왔다. 같은 시간대에 옆 스튜디오에서 뉴스를 방송하는 선배 아나운서의 목소리였다.

"동석 씨, 뉴스 시작 2분 전인데 어디예요?"

순간 아차 싶었고, 등골이 서늘했다. 얼른 다른 가족에게 상황을 알리고 어머니를 돌봐달라고 연락해 수습했다. 그리고 운전대를 꺾어 다시 회사로 내달렸다.

뉴스를 해야 할 사람이 뉴스를 하지 않고 집으로 내뺀 꼴이니 이 상황을 어찌 수습해야 한단 말인가. 천만다행인 건 내가 배당받은 KBS1 라디오 뉴스는 정시에 시작하는 뉴스였고, 선배는 프로그램 중간에 방송되는 KBS2 라디오 뉴스를 맡고 있어 기지를 발휘한 선배가 내 뉴스를 먼저 하고, 자신이 배당받은 뉴스를 소화해 방송이 펑크 나는 최악의 상황은 막을 수 있었다.

급박한 사정이 있었지만 공은 공이고 사는 사이다. 처음부터 끝까지 명백한 나의 잘못이다. 변명의 여지가 없다고 생각했다. 박살 날 각오로 부장님께 전화를 드리고 상황을 설명했다.

"제가 뉴스를 하러 가다가 어머니가 쓰러지셨다는 전화를 받고 그만…. 뉴스가 펑크 나진 않았지만 어떤 벌이든 달게 받겠습니다. 정말 죄송합니다."

내 얘기를 들은 부장님은 간단히 답하셨다.

"일단 월요일에 회사에서 얘기하자."

"네, 알겠습니다."

그렇게 통화를 마치고 자괴감이 밀려왔다. 지옥 같은 주말을 보내고 월요일 아침 출근 후 한껏 움츠러든 어깨로 부장님께 슬금슬금 다가갔다. 부장님은 나를 보고 '픽' 웃으며 이렇게 말씀하셨다.

"마음속으로 경위서 한 장 써."

"네?"

"마음속으로 경위서 한 장 쓰라고. 가봐!"

차라리 혼나고 싶었다. 죄책감이 밀려왔다. 응당 혼날 각오였다가 긴장이 풀어지면서 몸살이 날 것처럼 온몸이 욱신거렸다.

만약 그날 큰 꾸중을 들었다면 어땠을까. 많은 이들이 모인 사무실에서 큰 소리가 나는 그런 상황 말이다. 설사 그랬더라도 잘못을 반성하고 교훈을 얻어 다시는 실수하지 않으

설사 정당한 처사라고 하더라도,

처벌은 감정을 배제하고

담백하고 정확하게 이뤄져야 한다.

그 과정과 결과에 대해 상대가

합당한 사유와 절차대로 이뤄졌다고

느끼도록 하는 것은 매우 중요하다.

그래야 스스로 인정하거나 반성할 수 있고,

더 나은 관계, 더 단단해진 관계를 도모할 수 있다.

려 노력하는 아나운서로 성장했을 것이다. 하지만 부장님이 꾸지람 대신 넌지시 잘못을 덮어주는 말을 건네면서 오히려 스스로에 대한 기준을 더욱 엄격하게 하는 계기가 되었다.

명백한 잘못을 저질렀더라도 이미 스스로 실수를 인정하고 충분히 반성하고 있다면, 과한 꾸중보다 따뜻한 격려의 말이 훨씬 효과적일 수 있다. 분명 그 사람은 그 상황에 대한 책임과 무게감에 대해 응당 알고 있을 것이기 때문이다.

우리 선조들도 아이들을 혼내는 방법에 대한 기준이 있었다. 어린아이라 해도 자존심이 있기 때문에 남들 앞에서 혼내는 걸 경계했다. 부모에게 혼나는 것 자체보다도 남들 앞에서 수모를 당한 상황이 오래도록 상처로 깊게 남을 수 있기 때문이다. 아이가 너무 기분이 좋거나 나쁠 때도 과한 꾸중은 경계했다고 한다. 부모 자신의 기분이 안 좋을 때도 마찬가지다. 누군가를 혼내는 상황 속에서도 감정을 조절하는 지혜가 지금 시대에도 역시 필요하다.

감정은 날이 선 생명체와도 같다. 그래서 그것을 함부로 드러내고 휘두르면 상대에게 상처를 남긴다. 그리고 상대가 다치는 것뿐만 아니라 결국 자신도 다친다. 잘못을 질책할 때도 다듬어지지 않은 감정 표현으로 인해 상대가 마음을 다치지 않도록 항상 조심하고 배려할 필요가 있다.

설사 정당한 처사라고 하더라도, 처벌은 감정을 배제하고 담백하고 정확하게 이뤄져야 한다. 잘못한 후배나 팀원을 질책할 때이든, 아이를 훈육할 때이든 그 과정과 결과에 대해 상대가 합당한 사유와 절차대로 이뤄졌다고 느끼도록 하는 것은 매우 중요하다. 그래야 스스로 그 잘못에 대해 인정하거나 반성할 수 있고, 서로 더 나은 관계, 더 단단해진 관계를 도모할 수 있다.

사람은 누구나 실수할 수 있다. 나는 그 어떤 실수라도 이미 당사자가 스스로 반성하고 있을 확률이 높다고 생각한다. 잘못한 사람을 나무라야 할 상황이라면, 그 말을 나 스스로에게 던진다고 한번 생각해보자. 상대가 더 나은 모습으로 성장할 것이라는 기대를 품고 씨앗을 뿌리는 농부의 마음처럼….

거절에도

품격이
있다

생각보다 많은 사람들이 남의 부탁을 잘 거절하지 못한
다. 남의 말을 딱 잘라 거절하게 되면 관계를 망칠 것 같다는
두려움이 마음속 깊이 자리한 탓이다. 이 때문에 본인이 손
해를 보면서까지 부탁을 받아들이고 마는 경우가 심심찮게
일어난다.

심지어 자신이 감당할 수 없는 상황임에도 부탁을 받아들
이고 억지로 맡은 임무를 수행하다 일을 그르치기까지 한다.
결국 도와주고도 욕먹게 되는 상황을 맞이하게 되는 것이다.

특히나 관계의 상당 부분이 인정에 의해 좌지우지되는 우
리 사회에선 개개인이 느끼는 이러한 고충이 꽤 클 것이다.
도울 상황이나 여건이 되면 모르겠지만, 거절해야 할 상황이
라면 정확히 거절할 줄도 알아야 한다. 거절의 말은 어떻게

해야 할까?

거절의 말을 전할 때는 상대에게서 거절의 이유를 찾기보다 나 자신이 거절할 수밖에 없는 이유가 무엇인지에 더 집중해야 한다. 절박한 심정으로 부탁했을 경우 더더욱 거절당하는 상대는 서운함과 민망함 등의 감정을 느낄 것이다. 따라서 상대에 대한 인정과 존중의 뜻을 잘 비치고, 거절할 수밖에 없는 '나의 이유'를 밝히는 것이 효과적이다.

최근 미술계에서는 NFT 열풍이 불고 있다. NFT에 대한 평가는 엇갈리지만, 갈수록 그 열기가 뜨거워지는 것은 사실이다. 작가들뿐만 아니라 갤러리들도 작품을 NFT로 만들어 판매하고 있고, 명망 있는 작가에게는 인기 작품에 대한 NFT 제안이 쇄도하고 있다.

현대 미술의 거장 박서보 선생에게도 이런 제안은 있었다. 박서보 화백은 한국 현대 미술에서 빼놓을 수 없는 인물이다. 단색화의 거장인 그의 작품 가격은 한 점당 10억 원을 호가한다.

그런 그가 자신의 작품을 NFT로 만들자는 제안을 단호하게 거절하며 SNS에 올린 글이 화제였다.

"주변에서 자꾸 NFT 이야기를 한다. 손자 말이 대체 불가능한 토큰이라고 하던데, 토큰은 몰라도 '대체 불가능한'이라는 말의 의미는 안다.

내 그림이 버젓이 존재하는데, 사진을 찍어 만든 디지털 이미지가 '대체 불가능한' 것이라는 이름으로 고가에 팔리며 내 그림을 대신할 수는 없다. 내 그림 자체가 대체 불가능한 것이다.

나는 오프라인 세상의 사람이고, 물질 세계에 속해 있다. 내 작품 역시 이 시대와 지평의 산물이다. 물감과 붓과 캔버스가 내 예술 세계의 미디움이다. 나는 그 속에서 호흡하며 내 시대를 충실히 살아왔다. 내가 알지 못하고, 나한테 오지 않은 시대까지 넘볼 생각이 없다. 디지털 예술은 새로운 세대의 것이다.

내 작품을 디지털 미술관에서 감상하는 것은 가능하다. 가상 세계의 어느 공간에 내 작품이 걸릴 수도 있다. 그러나 누구도 내 작품 이미지를 NFT라는 이름의 상업적인 용도로 사용할 수는 없다. 내 작품이 디지털의 형식으로 상업적으로 거래되는 것을 허락하지 않을 것이다."

거절의 말을 전할 때는 다른 어떤 것도 아닌,

내 안의 소리에 귀를 기울여 보는 게 우선이다.

거절의 이유가 보다 명확해지는 걸 느끼게 될 것이다.

내가 거절한다고 세상이 무너지거나

관계가 끝장나는 것도 아니다.

거절 한 번 했다고 끝날 사이라면,

애초에 그다지 공들일 사이도 아니었던 게 아닐까.

나는 그의 입장 표명이 거절의 품격을 보여준다고 생각한다. 그는 자신의 작품 자체가 대체 불가능한 것이며, 오프라인 세상인 물질 세계에 속해 있는 자신은 다음 세대의 디지털 예술 세계까지 넘볼 생각이 없음을 명확히 했다. NFT에 대한 이런저런 평가의 말 대신 그 자체가 다음 세대의 것이라고 인정한 것이다.

특히 자신의 그림이 디지털화되어 상업적으로 거래되는 것을 허락하지 않았다. NFT는 틀린 것이고 잘못된 것이기에 거부하는 것이 아니라 나의 시대의 것이 아니기에 자신의 작품이 상업적으로 거래되는 것을 받아들이지 않겠다는 것이다.

거절의 이유가 상대나 환경에 있는 것이 아닌 분명한 자신의 생각과 내면의 고찰에서 나온 것이다. 사상의 자유가 허락된 세상에서 이보다 명쾌한 이유를 어디에서 찾겠는가. 주변의 여러 여건을 거절의 사유로 둘러댔다면, 아마도 많은 사람들이 달려들어 그 문제를 해결해드릴 테니 제안을 받아달라고 매달렸을 수도 있다.

우리는 많은 경우, 거절의 이유를 자신의 생각에서 찾으려 하지 않는다. 상대에게 마치 핑계처럼 들릴 것이라는 생각이 은연중에 깔려 있는 듯하다. 상대가 '그건 네 사정이고!'라는 생각으로 내 뜻을 무시할 것이라 지레짐작하는 측면도 없지 않을 것이다.

하지만 거절의 말을 전할 때는 내 안의 소리에 귀를 기울여 보는 게 우선이다. 거절의 이유가 보다 명확해지는 걸 느끼게 될 것이다. 내가 거절한다고 세상이 무너지거나 관계가 끝장나는 것도 아니다. 거절 한 번 했다고 끝날 사이라면, 애초에 그다지 공들일 사이도 아니었던 게 아닐까.

대화의

매듭

타인과 소통을 '잘' 하는 것은 결코 쉽지 않다. 소통 잘하는 비법에 대한 강연과 책들이 넘쳐나지만, 그런 비법들을 열심히 공부한다고 해서 현실에서 타인과 소통하는 것이 수월해지는 것은 아니다.

소통을 잘하기 위해서 발음에 신경 쓰고, 목소리를 훈련하고, 말을 짜임새 있게 하라고 가르친다. 유머도 곁들여야 하며, 자신의 매력을 어필할 수 있는 방법에 대한 조언도 자세하다. 그럼에도 불구하고 내 의도와는 다르게 상대는 내 말을 잘못 이해하고, 곡해하며, 왜곡된 정보가 제삼자에게 흘러 들어가기도 한다. 과연 무엇이 문제란 말인가.

커뮤니케이션 이론 중 기계론적 관점에 의해 이를 분석해 보면, 이렇다. 메시지를 보내는 사람과 메시지를 받는 사람

사이의 수많은 왜곡이 생기는데, 이는 바로 '노이즈' 때문이다. 노이즈는 말 그대로 '잡음'이라는 의미이지만, 그 외에도 메시지 전달의 왜곡을 불러오는 모든 요소를 포함한다.[1]

이 주장을 바탕으로 메시지를 효과적으로 전달하려면, 노이즈를 제거하는 것이 문제의 해결책이 된다. 그래서 발성 연습을 해야 하고, 사투리를 되도록 쓰지 않아야 하며, 발음은 또박또박 명확하게 해야 한다. 하지만 이렇듯 노이즈만 제거하면 과연 소통은 아무런 왜곡 없이 잘 이루어지는가? 그렇지 않다는 걸 여러 경험에 의해 잘 알고 있을 것이다.

자, 다시 예를 들어보겠다. 새로 이사할 집의 인테리어 공사를 진행한다고 가정해보자. 인테리어 업자에게 내가 원하는 분위기와 취향을 열심히 설명했다. 완공 날짜가 되어 현장에 가보니 내가 원한 것과는 전혀 다른 집이 완성되어 있다.

그렇다. 분위기와 취향을 설명하는 것만으로는 의뢰인이 원하는 인테리어를 기대하기 어렵다. 타일 하나부터 가구 디자인, 바닥 색깔, 벽지 종류, 조명 브랜드까지 세심하게 고르고 자세하게 요구해야 원하는 결과에 가까워지는 것이다.

국가 간에도, 회사 간의 거래에도 서로가 원하는 것과 전

서로가 자신의 입장에서 메시지를 해석하니
갈등이 생기는 건 지극히 당연하다.
그렇다면 이런 생각의 간극을 좁힐 수 있는 방법은
무엇이란 말인가.
간단하다. 바로 '질문하기'이다!
대화의 매듭은 질문으로 끝나야 한다.

혀 다른 결과로 인해 갈등이 불거지는 일이 비일비재하다.
개인끼리의 약속에서도 서로 잘못 이해한 부분으로 인해 소
송까지 가는 경우가 생긴다.

우리는 기본적으로 자신이 속한 집단, 혹은 자신의 입장
을 우선적으로 생각하는 경향이 있다. 자연스럽게 자신에게
유리한 방향으로 메시지를 해석하게 되는 것이다. 서로가 자
신의 입장에서 메시지를 해석하니 갈등이 생기는 건 지극히
당연하다. 그렇다면 이런 생각의 간극을 좁힐 수 있는 방법
은 무엇이란 말인가.

간단하다. 바로 '질문하기'이다!

대화의 매듭은 질문으로 끝나야 한다. 상대의 말을 다 들
은 후에는 이렇게 질문해야 한다.

"내가 이렇게 이해한 것이 맞습니까?"
"당신은 지금 이러이러한 것을 원하는 겁니까?"

이런 질문을 통해 상대의 의도를 확인하는 과정을 거쳐야
한다. 대화의 매듭이 질문으로 끝나게 되면, 소통의 오류가

현저히 줄어든다. 그런데 귀찮다는 이유로 이를 생략하는 경우가 적지 않다. 이런 지레짐작이 소통의 오류 가능성을 키운다.

'시간도 없는데 이 정도 이야기했으면 알아들었겠지?'

시간이 다소 걸리고 번거롭더라도 질문으로 상황을 정확히 확인하는 것은 매우 중요한 과정이다. 문제가 생긴 후 상황을 바로잡기 위해 시간과 노력을 쏟아붓는 것보다 문제가 생기기 전에 미리 이를 막기 위한 노력이 결과적으로 훨씬 덜 고생스럽다.

노련한 앵커들도 인터뷰 시에는 이런 '대화의 매듭'을 꼭 지키려 한다.

"이런 말씀을 하셨는데 이런 뜻이 맞습니까?"

이 질문 하나가 보도의 정확성을 눈에 띄게 높여준다. 인터뷰이는 이 질문에 대한 답을 하며, 미처 놓쳤던 사실이나 적당히 넘어가려 했던 사안에 대해 정확히 인지하고, 명확한 입장을 취하지 않으면 안 될 상황에 놓인다. 이 과정에서 새로운 뉴스와 이슈가 등장하는 경우도 적지 않다. 얼기설기 엮여 있던 그물을 촘촘하고 단단하게 만들어 사실을 걸러내는 역할을 다름 아닌 '질문'이 해주는 것이다.

질문은 소통의 왜곡을 막는 방패와도 같다. 소통을 방해하는 수많은 노이즈를 줄여주고, 심지어 막아주는 해결책이 되어준다. 대화의 매듭을 질문으로 끝내는 습관을 가지는 것만으로 소통의 효율이 훨씬 높아지는 것을 경험하게 될 것이다.

질문은 소통의 왜곡을 막는 방패와도 같다.

소통을 방해하는 수많은 노이즈를 줄여주고,

심지어 막아주는 해결책이 되어준다.

대화의 매듭을 질문으로 끝내는

습관을 가지는 것만으로

소통의 효율이 훨씬

높아지는 것을 경험하게 될 것이다.

'발표 불안'을 극복하는 법

한번은 인스타그램 팔로워들에게 설문조사를 한 적이 있다. "남들 앞에서 말할 때 무엇이 가장 힘든가요?"라는 질문에 압도적으로 많은 사람들이 '발표 불안'을 호소했다.

1. 남들 앞에서 말할 때 얼굴이 붉어지고 호흡이 가빠진다.

2. 실수할 것 같고, 비난받을 것 같아 두렵다.

3. 말을 하면 할수록 정리되지 않고 중언부언하며, 내가 의도한 메시지가 제대로 전달되지 않을 것 같아 불안하다.

4. 했던 말을 반복하거나 할 말을 잊게 된다.

이 외에도 발표 불안에 대한 다양한 답변들이 나왔다.

발표할 때 불안이 찾아오는 이유는 여러 가지가 있다. 과거에 발표를 하면서 실패한 경험과 부정적인 피드백 등이 원인일 수도 있다. 용기 내어 어떤 질문을 하거나 의견을 개진했는데 "쓸 데 없는 얘기하지 마"라며 무시당했다든지 "너는 그것도 제대로 못 하니?"와 같은 비난의 말을 들은 경험이 있다면, 다음번에 발표할 때 자신감이 떨어지고 위축될 수밖에 없다.

개인의 성격이 원인이 되기도 한다. 아무래도 내성적인 사람이 어려움을 겪을 가능성이 더 크다. 증상이 심각한 사람들은 정신건강의학과 상담과 약물 치료 등이 필요한 경우도 있다.

위로가 되는 것은, 정도의 차이는 있지만 거의 대부분의 사람들이 남들 앞에서 말하는 데 어려움을 느낀다는 것이다. 한 취업포털 사이트에서 직장인 384명을 대상으로 조사한 결과, 발표 전에 극심한 불안감을 느낀 적이 있는 경우가 98%에 달했다. 또한 이런 불안감의 원인으로 '타고난 내성적 성격(31%)', '실수가 두려워서(25%)', '준비를 완벽하게 하지 못해서(15%)' 등이 꼽혔다.

1. 내성적 성격도 충분히 가능하다

타고난 성격이 발표 능력에 큰 영향을 미치는 것은 사실이다. 하지만 방송을 하거나 남들 앞에서 말을 잘하는 사람 중에 내성적인 사람이 적지 않다. 나 역시 내성적이고 낯가림이 심한 편이지만, 방송을 하면서 성격적인 문제로 큰 어려움을 겪지는 않았다. 아나운서나 유명 MC, 개그맨 중에서도 내향적인 사람들이 의외로 많다. 성격적인 문제가 극복 가능하다는 방증이 되는 것이다.

유명 MC이자 개그맨인 신동엽 씨와 처음 만났던 날이 기억난다. 방송에서 보던 쾌활하고 활달한 이미지와는 다르게, 신중하고 진중하며 말수가 적다는 느낌을 받았다. 평소 내향인에 가까운 성격이지만, 소위 말해 '판'이 깔리면 방송에서 엄청난 잠재력과 에너지를 끌어내는 셈이다. 그의 이런 반전 매력이 오히려 훨씬 더 호감으로 다가왔다. 실제 성격은 진중하지만, 방송에선 대중에게 웃음을 주기 위해 프로답게 분위기를 띄우고 끌어간다는 얘기니까.

2. 발표 상황을 '시뮬레이션' 해보자

발표 불안의 또 다른 요인들도 노력을 통해 얼마든지 고칠 수 있다. 발표 전에 실수를 걱정하는 것은 아직 일어나지 않은 일에 대한 막연한 두려움이다. 그리고 이것은 준비가 완벽하지 못할 때 나타나는 증상이기도 하다.

여기에서 내가 방송이나 행사를 진행하기 전에 꼭 사용하는 '시뮬레이션' 연습 방법을 소개하고자 한다. 요사이 '메타버스'라는 말이 많이 들리는데, 이는 현실의 것들을 가상의 공간에서 구현하는 플랫폼을 뜻한다. '초월'을 뜻하는 접두사 메타meta와 '우주'를 뜻하는 유니버스universe가 합쳐진 말로, 1992년 닐 스티븐슨의 소설 『스노 크래시Snow Crash』에서 처음 그 용어와 개념이 등장했다.[2]

굳이 '메타버스'의 개념을 가져온 것은 스피치나 커뮤니케이션 분야에서도 이러한 개념과 기술이 머지않아 적용될 가능성이 있어 보이기 때문이다. 짤막한 발표 자료를 준비해 자신이 메타버스의 세상으로 들어간다고 상상해보자.

눈을 감고 발표를 할 장소인 교실이나 강의실, 또는 회의

실의 공간을 떠올려보자. 최대한 그곳의 조명, 분위기, 사물의 배치, 발표를 듣는 사람들의 표정까지 모든 것을 자세히 떠올려야 한다.

낯선 곳에서 발표해야 한다면 사전에 그 장소를 찾아가 보는 것도 도움이 된다. 그런 후 상상 속에서 발표를 시작한다. 목소리의 크기, 톤, 손동작, 이동 동선 등을 시뮬레이션한다. 실제로 소리를 내어 해보는 것이 가장 좋지만, 머릿속에서 상상만 해도 아예 하지 않는 것보다는 훨씬 효과적이다.

만약 틀리면 다시 시작한다. 얼마든지 다시 시작해도 된다. 천 번이고 만 번이고 반복할 수 있다. 어차피 우리는 메타버스 세상 속에 있다. 남들의 반응과 시선도 고민할 필요가 없다. 그들은 모두 허상이다.

이런 시뮬레이션의 장점은 내가 경험하지 않은 발표를 마치 경험한 것처럼 느끼게 만들어준다는 것이다. 만약 여러분이 밤늦은 시간 운전해 비가 내리는 초행길을 달리고 있다고 가정해보자. 10분 거리가 20분, 30분처럼 길게 느껴질 것이다. 밝은 날 다시 그 길을 찾아가면 어떨까. 왜 이 길이 그토록 길게 느껴졌을까 싶기도 하다. 경험하지 않은 것에 대한 두려움이 시간의 흐름도 느리게 만드는 것이다.

발표 전 시뮬레이션은 우리가 초행길을 미리 달리는 경험을 해보는 것과 같다. 원고를 완벽하게 외울 필요는 없다. 중간중간 눈을 뜨고 원고를 확인해도 좋다. 두려움을 걷어내면 확실히 긴장을 덜 하게 된다.

중요한 점은 최대한 시뮬레이션을 많이 해봐야 한다는 것이다. 열 번보다는 스무 번이 낫다. 스무 번보다는 서른 번이 낫고, 서른 번보다 백 번이 낫다. 이것은 학습과도 같다. 시험 범위를 한 번만 정독한 사람보다 빠르게 백 번 읽은 사람의 성적이 높을 수밖에 없다. 이미 발표를 여러 차례 경험한 것처럼 우리 기억 속에 각인하는 것이 발표 시뮬레이션의 목적이다.

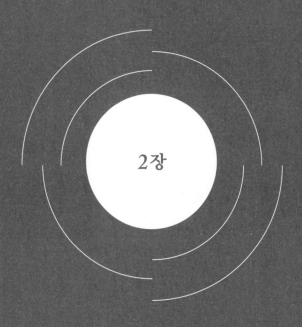

2장

힘이 되는 다정한 말

마음을 열고, 사람을 얻는
따뜻한 한마디

관계를 무너뜨리고 망치는 것도 말이요,

관계를 풀고 돈독히 다지는 것도 말이다.

'말'은 사람 사이에서 피어나고, 관계 속에서 존재한다.

진심을 담은 위로의 말은 상대의 마음을 녹아내리게 하고,

뾰족하게 날이 선 분노의 말은 상대의 가슴을 찌르고 만다.

거창한 표현이 아니더라도, 짧은 한마디여도 좋다.

온 마음을 다해 듣고, 거리낌 없이 감사하고,

실수를 인정하며 기꺼이 사과하고,

가까운 이들에게 사랑의 마음을 전하는 순간,

말은 힘이 된다.

그 힘은 마음을 열고, 관계의 온도를 높인다.

사람과 사람 사이 이런 말이 오갔다면

그 관계는 분명 특별한 것이라고,

당신도 자주 이렇게 말해보라고, 권하고 싶다.

'송곳'
같은 말보다

'솜사탕'
같은 말

얼마 전 TV 프로그램 「냉장고를 부탁해」를 통해 알려진 이재훈 셰프와 식사를 하게 되었다. 아내와 이재훈 셰프는 같은 프로그램에 출연한 인연이 있었고, 마침 제주로 가족 여행을 왔다기에 자리가 마련된 것이다. 식사 자리에서 이런저런 대화를 나누다가 이재훈 셰프가 영국 여행에서 경험한 에피소드를 들려주었다.

영국은 우리나라와 교통 체계가 다르다. 운전석도 반대쪽에 있고, 차량 진행 방향도 반대 방향이다. 가령 횡단보도를 건널 때 우리나라 사람은 차량이 오는 왼쪽을 좀 더 주의 깊게 살핀다면, 영국 사람은 차량이 오는 오른쪽을 더 주시하게 된다. 이재훈 셰프는 영국 여행 중에 횡단보도를 건너면서 습관적으로 왼쪽을 주시하다가 오른쪽에서 달려오던 차를 미처 보지 못했다고 한다. 자칫 사고로 이어질 뻔한 상황을 가까스로 피하고 가슴을 쓸어내리는데, 옆에서 이를 지켜보던 한 노인이 그를 붙잡고 이렇게 말했다고 한다.

"이봐, 젊은이! 자네 죽기에는 아직 젊다고!"

낯선 나라에서 자신의 실수로 사고가 날 뻔했다면, 그 상황이 꽤 민망했을 수 있다. 하지만 그 순간 등장한 노인의 말은 민망함을 씻어내고 잠시 안도하며 미소 짓게 하기에 충분했다.

다른 사람이 곤경에 처해 있을 때, 혹은 실수로 인해 난감해할 때 아픈 말로 상대를 찌르는 경우가 종종 있다. 만약 우리나라의 횡단보도에서 비슷한 상황이 벌어졌다면 어땠을까? 차가 오는 방향을 보지 않고 길을 건너는 행인에게 혹시 이렇게 말하지는 않았을까?

"이봐! 죽고 싶어 환장했어?"

'말'은 상대의 감정을 보살피는 노력이 더해질 때 더욱 빛난다. 더구나 상대의 실수나 잘못을 깨닫게 하기 위해서라면, 서로 편안하게 웃으면서 안도하기 위해서라면, 어떤 말을 해야 할지는 명확하다. 위험에 처한 상대를 살피거나 도와주고도 굳이 날카로운 말을 뱉어내 뒤끝이 찜찜해져야 할까?

우리나라의 '충청도 사투리'는 상대를 지적할 때조차 위트와 해학이 묻어난다. 원하는 것을 단번에 말하지 않고 돌려 표현하는 화법이 종종 웃음을 사기도 하지만, 상대의 단점이나 잘못마저도 살짝 돌려 말하며 위트 한 스푼을 얹는 것은 요즘처럼 각박한 시대에 필요한 여유와 배려의 화법이 아닌가도 싶다.

충청도 사투리에 관련된 일화 중 한 가지만 소개한다. 한 학생이 축구를 하다가 정강이뼈에 금이 갔는데, 저녁때 책상에 앉아 공부하고 있으니 아버지가 다가와 이렇게 말씀하셨다고 한다.

"너무 공부 열심히 하지 말어. 머리뼈에도 금 가면 어쩌?"

'말'은 상대의 감정을 보살피는 노력이 더해질 때

더욱 빛난다.

더구나 상대의 실수나 잘못을 깨닫게 하기 위해서라면,

서로 편안하게 웃으면서 안도하기 위해서라면,

어떤 말을 해야 할지는 명확하다.

여러분은 엉뚱한 방향을 보며 걷다가 곤경에 처할 뻔한 사람에게 어떤 말을 내뱉겠는가. 역정을 내는 듯한 '송곳' 같은 말인가. 아니면 부드러운 배려와 위트가 담긴 '솜사탕' 같은 말인가.

아픈 말을 굳이 아프게 하진 말자. 굳이 내가 그렇게 말하지 않아도 이미 상대는 충분히 괴로울 수 있으니까.

참지
않아야 하는

말

말을 참고 아끼는 것이 미덕일 때도 있지만, 참지 말고 자주 해야 할 말도 있다. 바로 마음속에 차고 넘치는 그 말, 사랑과 감사의 말이다.

나에겐 두 자녀가 있다. 첫째는 세상에서 가장 예쁜 딸, 그리고 둘째는 세상 가장 귀여운 아들이다. 딸아이는 커갈수록 엄마와 공감하고 나누는 것들이 조금씩 늘어나는 듯하다. 그리고 아들은 제주 생활에서 나의 단짝과도 같은 존재이다. 아침에 눈을 뜨고 저녁에 잠들 때까지 온종일 내 옆에 붙어 있으니까.

하루는 아이들이 피아노를 배우는 곳에 따라갔는데, 아들이 화장실에 같이 가달라고 부탁했다. 어둠이 내린 저녁이었고, 화장실이 멀리 떨어져 있어 무서웠던 모양이다. 흔쾌히 따라가 줬는데 아들은 그게 내심 고마웠던 모양이다. 갑자기 나에게 다가와 허리에 손을 두르고 몸을 기대더니 이렇게 말하는 게 아닌가.

"아빠! 9년 동안 키워줘서 고마워."

그 순간 아들에게 드러내지는 않았지만, 가슴이 뭉클했다. 부모가 자신을 키워준 것에 대한 고마움이 마음속에 차고 넘쳤나 보다. 그래서 특별한 상황이 아님에도 아들은 고마움을 표현하는 말을 내게 해주었다. 단지 순간의 감정일지 몰라도 그 진심은 나에게 전해졌다. 나 역시 참지 않고 바로 말했다.

"그렇게 말해줘서 정말 고마워!"

진심을 담은 감사의 말은 상대의 마음을 녹아내리게 한다. 거창한 표현을 쓰지 않아도 된다. 짧은 한마디여도 상관없다. 마음속에 차고 넘치는 사랑의 감정을 입 밖으로 내뱉

거창한 표현을 쓰지 않아도 된다.

짧은 한마디여도 상관없다.

마음속에 차고 넘치는 사랑의 감정을

입 밖으로 내뱉어 언어로 표현할 때,

비로소 그 감정은 상대에게 전달되어

마음을 따뜻하고 충만하게 한다.

어 언어로 표현할 때, 비로소 그 감정은 상대에게 전달되어 마음을 따뜻하고 충만하게 한다. '표현하지 않아도 알지 않겠어?'라는 생각은 접어두는 것이 좋겠다. 표현하지 않으면 알 수 없는 것이 사람의 감정이다.

나 역시 보통의 부모와 다를 것이 없다. 육아에 지칠 때는 아이들에게 짜증을 내기도 한다. 하지만 이렇게 아이들이 표현하는 감사와 사랑의 말들은 나를 온전한 부모의 자리로 되돌려 놓는다. 감정에 휘둘린 나 자신을 반성하게 하고, 보다 성숙하게 한다. 가정에서뿐만 아니라 직장에서, 혹은 친구와 연인 사이에서 이렇게 차오르는 감사와 사랑의 감정을 아끼지 말고 표현해보길 바란다. 분명 어긋난 부분은 치유되고 관계는 더욱 돈독해질 것이다.

대신 화, 분노, 모난 감정의 말들은 뱉어내기 전에 한번 더 생각해보자. 어쩔 수 없다. 우리는 뾰족하고 아픈 말보다 사랑과 감사의 표현에 더 연약한 인간이 아니겠는가. 모난 말은 참고 고운 말을 늘리면, 상대의 표현도 자연스레 둥글둥글해질 것이라 믿어 의심치 않는다.

온 마음을
다해

듣기
위해

여느 때처럼 TV 뉴스를 진행하고 있었다. 마지막 날씨 기사를 전하던 중 뉴스 PD가 인이어로 무언가를 지시했다. 무슨 말인지 알아듣지 못한 나는 다소 당황했지만, 방송을 오래 하며 생긴 눈치로 여기서 끝내달라는 신호임을 알 수 있었다. 그렇게 방송은 사고 없이 끝났지만 뭔가 이상함을 느낀 나는 자주 찾던 이비인후과에 방문했다.

의사 선생님께 이런 일이 있었다고 설명하자 진료 의뢰서를 써줄 테니 큰 병원에 가보라고 했다. 종합병원으로 가서 이런저런 검사를 받아보고, 결과를 듣기 위해 담당 교수님과 마주 앉았다. 그는 메모지를 한 장 꺼내더니 뭔가를 적었고, 나에게 그 메모를 건네줬다.

'상반고리관피열증후군'.

난생처음 듣는 병명이었다. 병명을 적어준 이유도 흔한 병이 아니었기 때문이다. 사람의 귀 안쪽 내이內耳에는 고리관 세 개가 있다. 그중 가운데 우뚝 솟은 상반고리관은 딱딱한 조직으로 둘러싸여 있다. 뇌와 가깝게 붙어 있는 이 고리관의 딱딱한 조직은 뇌를 통해 전달되는 소리의 진동을 막아주는 역할을 한다. 내 몸을 통해 전달되는 소리와 외부에서 들어오는 소리를 구분할 수 있게 도와주는 것이다. 그런데 이 고리관에 '피열', 그러니까 아주 작은 구멍이 생기면서 내 몸을 통해 전달되는 소리가 크게 증폭되어 들리는 것이다.

계단을 오를 때 심장 박동이 빨라지면 내 심장 소리가 들리고, 내 몸의 관절에서 나는 소리도 크게 들린다. 맨발로 걸으면 발과 바닥이 부딪히는 소리가 북소리처럼 크게 들린다. 음식을 씹을 때의 소리가 마치 폭죽 터지는 소리처럼 크게 들려서 어른들과 식사할 때는 대화에 집중하기 위해 중간중간 식사를 멈춰야 했다.

'자가강청'이라는 증상, 그러니까 내 말소리가 마치 귀에

물이 들어간 것처럼, 혹은 목욕탕에 있는 것처럼 먹먹하고 크게 들린다. 뉴스를 진행하면서 뉴스 PD의 말을 제대로 못 들은 것도 내 말소리가 크게 들리면서 외부에서 들어오는 소리가 묻혀버렸기 때문이다.

이 질환이 고약한 것은 어지럼증을 동반한다는 것이다. 소리로 인한 진동이 걸러지지 않기 때문에 내 말소리로 인한 눈 떨림과 어지럼증이 찾아온다. 이런 증상 때문에 뉴스를 진행하는 동안 프롬프터가 잘 보이지 않았다. 내 말소리 때문에 눈이 떨리면서 프롬프터의 글씨들이 마구 떨리는 것처럼 보였기 때문이다.

몸의 상태가 이러니 방법이 있나? 원고를 외우는 수밖에…. 다행히 내가 직접 쓴 원고여서 외우기 수월한 면이 있었지만, 그럼에도 모든 뉴스의 원고를 완벽히 외워야 한다는 사실은 참 고역이었다.

스피치의 첫 단계는 사실 제대로 '듣는 것'이다. 특히 아나운서나 앵커의 스피치는 일상적인 대화와는 다르다. 더 크고 힘 있게 소리를 내야 하고, 내 소리를 예민하게 모니터링하며 기술적인 스피치 기법을 적용해야 한다.

그런데 내 말소리를 제대로 들을 수 없고, 상대의 말소리 또한 왜곡되어 들리니 참 답답할 노릇이었다. 사실 퇴사를 결심하게 된 이유 중 이 문제가 큰 부분을 차지했다. 백 퍼센트 나의 퍼포먼스를 다할 수 없는 데 따른 자괴감이 꽤 컸다. 남자 아나운서에게 주어진 KBS 9시 뉴스 앵커의 자리는 방송가 사람들에게 회자될 만한 일이었지만, 최고의 기량을 발휘할 수 없을 때 찾아온 최고의 자리는 선물이라기보다 오히려 고통에 가까웠다.

기능적으로 듣는 것에 문제가 생기자 새삼 그 중요성을 되새기게 되었다. 말을 잘하는 사람들은 공통적으로 타인의 말을 먼저 잘 들어주어야 한다고 강조한다. 말을 잘 듣는 것이 타인과 소통하는 데 있어 가장 기본이 되는 요소이기 때문이다.

의사소통은 오고가는 것이다. 일방적으로 한쪽이 자신의 메시지를 전한 것을 두고 소통이라고 하지 않는다. 남북이 대치하는 비무장지대의 확성기 방송을 두고 우리는 소통이라고 하지 않는다.

스티븐 코비는 '경청의 5단계'를 아래와 같이 분류해 설명했다. 1단계 무시하기, 2단계 듣는 척하기, 3단계 선택적 듣기, 4단계 귀 기울여 듣기, 5단계 공감적 경청.[3] 단계가 올라갈수록 상대의 관점과 입장에서 더욱 집중해 잘 듣게 된다. 하지만 현실에서 완벽한 경청의 단계로 나아가기란 쉽지 않다. 다만 그러기 위해 부단히 노력할 뿐이다.

완벽한 경청의 경지에 이르기 위한 노력 중 하나로, 애송이 아나운서 시절의 방송 실수담을 풀어보고자 한다.

KBS 입사 후 처음 맡은 TV 방송은 전주국제영화제 현장에서의 리포팅이었다. 영화의 거리에서 '거장과의 대화'를 진행하는 것이 첫 임무였다. 인터뷰이는 임권택 감독과 많은 작품을 함께한 故 정일성 촬영감독이었다. 스튜디오에서 "현장에 나가 있는 최동석 아나운서!"를 외쳤다.

"네, 저는 영화의 거리에 나와 있습니다. 오늘 거장과의 대화가 준비돼 있는데요. 정말 대단하신 분이죠. 정일성 촬영감독님을 소개하겠습니다."

경청은 단순히 상대의 말을 듣는 것뿐만이 아니라,

온전히 들을 준비를 하는 것에서부터 시작된다.

듣는 것에 앞서 온 마음을 다해

들을 준비가 되어야 하는 것이다.

잘 듣기 위해서는

내 몸과 마음이 상대를 향해 있어야 한다.

이렇게 말하고, 인터뷰를 시작하기 위해 정 감독님을 향해 고개를 돌렸다. 그런데 이게 무슨 일인가. 방금 전까지 내 옆에 있던 감독님이 감쪽같이 사라진 것이다. 지금이라면 상황을 정리했겠지만, 처음 방송을 해보는 어린 아나운서에게 이 상황은 크게 당황스러웠다.

뇌가 굳어버렸고, 아무 생각도 나지 않았다. 카메라 옆에서 이를 지켜보던 작가가 갑자기 팔을 휘젓기 시작했다. 나 역시 마음속으로 '도대체 뭐라고 하는 거야?'를 외치며 답답할 따름이었다.

이윽고 작가가 더 격렬하게 팔을 휘두르자 나도 모르게 마이크를 입에서 떼고 작가를 향해 속삭였다.

"왜~~? 뭐~~?"

다시 생각해도 낯이 뜨겁다. 자료가 남아 있다면 지금이라도 불 지르고 싶은 심정이다. 아직까지도 이 사건은 나에게 이불킥의 소재이다.

사건의 경위는 이랬다. 당시 담당 PD는 축제 분위기 속에서 '거장과의 대화'를 진행하고 싶어 전북대학교 댄스동아리 학생들을 섭외해 음악을 크게 틀고 춤을 추게 했고, 바로 그 앞에서 인터뷰를 준비했다. 그런데 정 감독님은 이런 분위기에서는 영화 이야기를 할 수 없다며 방송 직전에 인터뷰를 거부하고 자리를 떠난 것이다.

당시에는 갑자기 인터뷰를 거절하고 자리를 뜬 감독님에 대한 원망 아닌 원망이 있었다. 하지만 오랜 세월이 지나 다시 돌이켜보니 우리가 그분께 큰 결례를 범했다.

우리는 거장의 말을 듣겠다면서 들을 준비를 하지 않았다. 감독님은 단지 본인의 감정을 표현하기 위해 인터뷰를 거부한 것이 아니라, 영화에 대한 철학과 영화인으로서의 품격을 지키기 위해 인터뷰 자리를 떠난 것이라는 사실을 이제야 이해하게 된 것이다.

경청은 단순히 상대의 말을 듣는 것뿐만이 아니라, 온전히 들을 준비를 하는 것에서부터 시작된다. 듣는 것에 앞서 온 마음을 다해 들을 준비가 되어야 하는 것이다. 잘 듣기 위해서는 내 몸과 마음이 상대를 향해 있어야 한다.

한자 들을 청聽은 여러 부수로 구성되어 있다. 임금王은 백

성의 말을 귀耳 기울여 듣고, 들을 때 눈目은 열十 개인 듯, 마음心은 하나一인 듯해야 한다는 의미가 담겨 있다. 옛사람들도 남의 말을 귀 기울여 듣는 것의 중요성을 잘 알고 있었던 것 같다. 상대의 말을 내 눈에, 귀에, 생각에, 마음에 담아야 하는 것이다.

방송을 진행하는 사람들 중 안 좋은 습관을 지닌 경우가 종종 있다. 바로 인터뷰이가 말할 때 다음 질문을 생각하며 원고를 보는 경우이다. 이런 습관을 지니고 있는 사람이 생각보다 많아 안타까운 마음이 있었다.

하지만 다음 질문은 원고에 있는 것이 아니라 상대의 답변 안에 있다. 특히나 그 사람에 대해 깊이 공부하고 진심으로 애정을 갖는다면, 굳이 원고를 보지 않아도 상대의 답변 속에서 다음 질문이 떠오르게 된다. 친구끼리, 부부끼리, 가족끼리 대화할 때도 마찬가지다. 이 사실을 기억하면 경청은 의외로 어렵지 않을 수 있다.

상대가 말하는 것을 잘 듣지 않고, 온전히 내 입장만을 대변하기 위한 잡생각이 대화의 단절을 가져온다. 경청의 다른 표현은 '절제'라고 생각한다. 내 생각과 판단을 절제하고 상

대의 생각과 시간에 몸을 기대어 귀 기울여 듣는 것, 고도의

절제에서 경청은 시작된다.

사과는
가장

달콤한
복수

깔끔하고 담백하며 책임감 있는 사과의 말을 들어본 게 언제인가? 나 또한 사과해야 할 적절한 타이밍에 정확한 표현으로 사과했을까?

사과해야 할 상황이지만 거부하는 이들, 사과하지 않아도 되지만 분위기에 몰려 사과하는 이들, 남의 사과는 종용하고 본인은 사과하지 않는 이들까지…. 사과를 하기까지도 참 어렵지만, 사과의 말을 어떻게 해야 할지 알고 행하는 것도 쉬운 일은 아니다. 그 이유가 뭘까?

기본적으로 사과는 자신의 과거 행동에 대한 반성에서 시작한다. 그래서 때로 자존심을 내려놓는 일이기도 하다. 내가 잘못되었다는 것을 단순히 깨닫는 것뿐만 아니라 이를 만천하에 고백한다는 건 매우 괴로운 일이니까.

하지만 타이밍을 놓치지 않고 적절한 표현으로 사과하는 것은 관계를 온전히 회복시키는 놀라운 힘도 가지고 있다. 실수나 잘못으로 인해 위태로워진 관계가 사과의 말 한마디로 회복의 기회를 얻게 되는 것이다.

그렇다면 나 자신을 지키면서 적절하고 정확하게 사과의 말을 전하는 방법은 무엇일까?

"미안하긴 한데, 나만 잘못한 건 아니잖아."
"내가 잘못한 게 있다면, 그건 사과할게."

자, 어떤가? 우리는 왜 이 사과를 받아들일 수 없는가? 사과의 첫 단계는 자신의 실수나 잘못에 대한 반성과 고백에서부터 시작해야 한다. 일제강점기 일본의 만행으로 상처받은 우리 국민들은 왜 일본의 사과가 진정성이 없다고 느낄까? 자기 잘못에 대한 통렬한 반성이 없기 때문이다. 이 반성의 과정은 사과의 가장 기본적이고, 필수적인 요소이다. 내가 뭘 잘못했는지에 대해 먼저 고백하는 것이 진정한 사과의 시작이다. 상대에게서 잘못을 찾게 하거나 책임을 남에게 미루는 듯한 멘트는 진정한 사과로 받아들이기 어렵다.

사과의 말 두 번째 요건, 보상에 대한 언급이다. 피해나 손해에 따른 금전적인 보상이 될 수도 있고, 마음을 다친 상대에 대한 감정적인 보상이 될 수도 있다. 바로 이 경우를 살펴보자. 친구의 노트북을 빌려 가서 지하철에 놓고 내렸다고 가정해보자. 유실물센터에 연락도 해보고 백방으로 찾아봤지만 도저히 찾을 수 없을 때 친구에게 어떻게 사과해야 할까?

"미안하다"는 말 한마디로 끝날 일은 아니다. 친구에게 보상에 대한 자신의 계획을 설명해야 한다. 새 노트북을 사줄 것인지, 비슷한 사양과 연식의 중고 노트북이라도 구해줄지에 대한 보상 계획 말이다. 그래야 친구가 그 사과를 받아들일지 말지 결정할 수 있을 것이다.

사과의 말 세 번째 요건, 재발 방지에 대한 약속이 있어야 한다. 결국 사과는 자신의 잘못을 인정하는 것이라고 했다. 그렇다면 잘못에 대한 이유를 찾은 것이니 똑같은 실수가 반복되어서는 안 된다. 그 부분에 대한 약속의 과정이 필요하다.

술 먹고 늦게 들어온 남편이 아내에게 사과할 때 이 재발 방지에 대한 약속이나 다짐조차 없다면 남편의 사과를 기분 좋게 받아들이기 어려울 것이다. 재발 방지에 대한 굳은 약속은 상황 호전의 시작이자 어긋난 관계를 풀어주는 작은 신호가 된다.

마지막으로 상대가 만족할 때까지 충분히 사과하는 것이 좋다. 물론 사과를 받는 사람도 지나치게 그 상황을 이용해서는 안 될 테지만, 만약 이런 말로 분이 채 풀리지 않은 상대를 화나게 한다면 상황은 더욱 어려워질 수 있다.

"아까 내가 사과했잖아."

사과해야 할 상황은 이미 잘못이 상대가 아닌 나에게 있음을 전제로 하므로 기본적으로 상대의 입장이 우선이다. 따라서 사과의 말은 진실한 마음을 담아 진중한 태도로 건네야 하고, 충분한 시간 동안 절차에 맞게, 요건에 맞춰 진행해야 한다. 특히 가까운 사이일수록 사과하는 것을 꺼리지 말자. 아내와 남편, 아이, 선생님, 친구들, 소중한 사람에게 사과하는 것이 크게 불편한 일이 되어선 안 된다.

깔끔하고 담백하며 책임감 있는

사과의 말을 들어본 적이 언제인가?

나 또한 사과해야 할 적절한 타이밍에

정확한 표현으로 사과했을까?

나 자신을 지키면서 적절하고 정확하게

사과의 말을 전하는 방법은 무엇일까?

심지어 내가 싫어하는 사람에게도 사과하는 것을 꺼리지 말자. 아이작 프리드먼이 말하지 않았던가. "결국 사과는 가장 달콤한 복수"라고 말이다.

'말'만
앞서는

사람들에게

중학생 때였던 것으로 기억한다. 학교에서 집으로 돌아왔는데, 불쾌하고 매캐한 냄새가 온 집안에 진동했다. 나는 어머니에게 "도대체 이게 무슨 냄새예요?"라고 물었다. 이유인즉슨, 아버지가 노숙인들을 집으로 데려와 식사를 차려준 후 돌려보냈고, 그들이 떠난 후에도 한동안 머물렀던 공간에 그 체취가 남아 있던 것이다.

아버지는 말수가 없는 분이다. 지금도 나를 만나면 "잘 있었느냐?"는 물음 외에 별다른 대화가 없다. 그런 분이 자신이 한 일에 대해 미주알고주알 이야기할 리 만무하다. 나중에 안 사실이지만 아버지는 쉬는 날이면 빵을 한가득 사서 역 주변에 돌아다니며 노숙인에게 나눠주셨다고 한다. 용돈까지 쥐여주면서 이렇게 당부하시곤 했단다.

"이 돈으로 술 사 먹지 말고, 꼭 밥 사드세요!"

나는 아버지의 이런 모습을 전해 듣기도 하고, 직접 보기도 하며 어려운 이웃을 돌아보는 게 무엇인지 어렴풋이 배웠던 것 같다. 이렇게까지 몸소 실천하진 못하더라도 나 역시 사업을 시작하면서부터 수익의 일부는 꼭 기부하려고 노력하고 있다.

말이 넘쳐나는 세상이다. 사람들은 자신의 공을 치켜세우기 위해, 상대에게 밉보이지 않으려고 공해 같은 말들을 핏대 세우며 뱉어낸다. 남보다 먼저 말하고, 많이 말해야 유리한 입지를 선점한다고 눈치껏 배워온 것도 사실이다. 과연 이것이 언제나 옳을까?

어떤 일이든 말없이 하라는 얘기가 아니다. 아버지의 예를 든 것은, 굳이 말하지 않아도 행동으로 보여줄 때 백 마디 말보다 더 귀하고 강력한 힘을 발휘한다는 것을 강조하고 싶어서다.

아버지는 누가 알아줄 것 같아서, 누군가에게 칭찬받고 싶어서 이웃을 돌본 것이 아니다. 그저 묵묵히 해야 할 일이

말이 넘쳐나는 세상,

남보다 먼저 말하고, 많이 말해야

유리한 입지를 선점하는 것일까?

어떤 일이든 말없이 하라는 얘기가 아니다.

굳이 말하지 않아도 행동으로 보여줄 때

백 마디 말보다 더 귀하고

강력한 힘을 발휘한다는 것을 강조하고 싶어서다.

라고 생각하신 것 같다. 그걸 보고 자식들이 배우기를 바란 것도 아니었을 것이다. 그런데 나는 말로만 받은 교육보다 훨씬 더 큰 울림과 깨달음을 얻었다.

자식에게 "똑바로 살아라", "공부 열심히 하라"고 끊임없이 잔소리해봤자 부모가 실천하는 삶의 모습을 직접 보여주는 것만큼 효과적이지 못하다. 어떻게 말하면 우리 아이가 책을 읽을까 고민하지 말고, 자식 앞에서 책 읽는 모습을 보여줘야 한다. 험한 말을 쓰는 아이에게 "그러면 안 된다"는 잔소리를 하기 전에 부모가 먼저 고운 말을 쓰면 된다.

말로 세상을 바꿀 수 있다. 하지만 말로만 가능한 건 아니다. 때로는 말보다 행동이 세상에 더욱 큰 파동을 미치며 변화를 일으킨다. 나 스스로가 먼저 상대에게 깨끗한 거울이 되어야 한다.

톰 크루즈의

빛나는
매너

2009년 초였던 것으로 기억한다. 세계적인 배우 톰 크루즈가 영화 「작전명 발키리Valkyrie」 홍보를 위해 내한했다. 당시 KBS 「연예가중계」의 리포터로서 그와의 인터뷰를 맡았는데, 짧은 시간 안에 정해진 분량을 확보하라는 지령이 떨어졌다. 이름하여 '작전명 10분 인터뷰'!

당시 해외 스타와의 인터뷰는 '시간과의 전쟁'이었다. 빽빽하게 짜인 스케줄 속에 하루 수십여 곳과의 인터뷰를 소화해야 했기에 어쩔 수 없이 언론사들끼리 시간을 나눠 써야 하는 상황이 된 것이다.

팽팽한 긴장감 속에 마침내 엄청난 아우라를 내뿜으며 그가 인터뷰 룸으로 입장했다. 1초가 아쉬운 상황에서 인터뷰를 시작하려는 순간, 아뿔싸! 배우들이 앉을 의자만 준비되어 있을 뿐, 인터뷰어인 내가 앉을 의자는 그 주변 어디에도 없는 게 아닌가. 시선을 멀리 돌려보니 나머지 의자들은 모두 인터뷰 공간과 다소 떨어진 한쪽 구석으로 치워져 있었다.

구석에 있는 의자를 가져오기 위해 몸을 일으키려는 순간, 이를 눈치챈 톰 크루즈가 먼저 벌떡 일어섰다. 그리고 마치 액션 영화의 주인공처럼 의자가 있는 구석으로 순간 이동! 무거운 의자를 머리 위로 번쩍 들어 올려 내 앞에 내려놓는 것이 아닌가. 그렇다. 그 묵직한 호텔 의자를 말이다. 순간 남자인 내가 봐도 '이 남자 잘생긴 데다 친절하기까지?' 눈에서 하트가 튀어나올 뻔했다.

작은 친절이라 생각할 수 있지만, 대스타의 배려에 나뿐만 아니라 함께 있던 스태프들도 놀란 눈치였다. 화기애애한 분위기 속에 인터뷰는 시작됐고, 10분 안에 방송에 나갈 수 있는 분량도 확보할 수 있었다. 그런데 인터뷰하며 오간 그 어떤 말보다 그 짧은 순간의 순발력과 배려가 훨씬 강인한 인상으로 남아 있다.

아나운서로서 수많은 사람들을 인터뷰할 기회를 가졌는데, 그들이 남긴 인상을 떠올릴 때 언어적 요소보다 비언어 사람은 누구나 자신이 존중받기를 원한다.
상대가 나를 존중한다고 느끼면
대화를 시작하고 싶어지고,
그 대화를 계속 이어가고 싶은 게 당연하다.
어쩌면 말 잘하는 기술을 갈고닦는 것보다
상대에 대한 배려의 마음, 진심 어린 존중의 마음이
선행되는 게 훨씬 중요한 일인지도 모르겠다.

적 요소가 더 강렬한 기억이 될 때가 있다. 인터뷰하며 오간 대화가 대부분 방송되기 때문에 굉장히 몰입하고 집중하게 되는데도, 방송에 나가지 않은 시간에 보인 어떤 행동이 훨씬 더 깊이 뇌리에 각인된다는 게 아이러니하기도 하다. 방송에서 보여준 계산된 말보다 꾸밈없이 솔직한 행동, 깊은 배려에 마음이 더 끌리는 것은 어쩌면 극히 본능적인 것인지도 모르겠다.

사람은 누구나 자신이 존중받기를 원한다. 상대가 나를 존중한다고 느끼면, 대화를 시작하고 싶어지고 그 대화를 계속 이어가고 싶은 게 당연하다. 톱스타와의 인터뷰를 앞두고 적잖이 긴장했던 나에게 베풀어준 그 작은 호의는 대화의 물꼬를 트기에 충분했고, 대화를 호의적으로 이어 나가게 했으며, 대화 후 그를 마음속의 스타로 기억하게 했다.

어쩌면 말 잘하는 기술을 갈고닦는 것보다 상대에 대한 배려의 마음, 진심 어린 존중의 마음이 선행되는 게 훨씬 중요한 일인지도 모르겠다.

세련된

유머 감각이란

함께 있으면 즐겁고 그 사람과 오래 대화를 나누고 싶다고 느끼게 하는 키, 바로 유머 감각이다. 유머는 경직된 분위기를 녹이고, 상대를 친근하게 느끼게 한다. 지루하고 무료한 대화에서 스파크를 터뜨리며 활력이 되어준다.

하지만 한끗 차로 상대의 기분이 상하고, 분위기가 썰렁해질 수도 있다. 과연 '세련되고 감각 있는' 유머와 '썰렁하고 기분 나쁜' 유머, 이 둘의 차이는 어디에서 오는 걸까.

유머에 대한 상반된 두 사례를 소개하고자 한다. 영화 「미나리」에 출연한 배우 윤여정 씨는 2021년 아카데미 여우조연상을 수상하기에 앞서, 세계적인 독립영화제인 선댄스 영화제에서 심사위원대상과 관객상을 수상한 바 있다. 이 자리에서 「미나리」 상영 후 그녀는 이렇게 말했다.

"전 한국에서 굉장히 오랫동안 연기를 해 왔습니다. 그런데 이번 영화는 하기 싫었어요. 독립영화라는 걸 알았거든요. 그 말은 즉, 제가 고생할 거라는 뜻이죠. 하지만 영화가 잘 만들어졌어요. 우리는 돈을 아끼려고 거의 같이 살다시피 했습니다."

관객들은 원로 여배우의 이 말에 일제히 폭소를 터뜨렸다. 각국의 언론 역시 그녀의 '주눅 들지 않은 영어'와 더불어 '세련된 유머 감각'에 주목했다. 그 누구도 깎아내리지 않으면서 독립영화 촬영을 고심했던 그녀의 입장을 솔직하고 위트있게 전한 것이다.

사실 유머의 힘은 '솔직함'과 '의외성'이라는 두 가지 요건이 갖춰지면 극대화되기 마련이다. 예산이 적은 독립영화에 출연하는 게 고생길이라는 건 어떤 배우라도 알 만하다. 하지만 거의 반세기 동안 연기자의 길을 걸어온 대가의 입에서 이토록 솔직한 심경이 터져 나올 줄이야! 사람들은 미처 기대하지 못했던 의외의 솔직함에 웃음을 터뜨렸고, 그녀의 소탈하고 인간적인 면모에 친밀함을 느꼈다.

더불어 굳이 열악한 독립영화 환경을 언급한 이유 또한 주목할 만하다. 일부 스타 배우에게 수억 원의 개런티가 몰리고 수많은 투자자의 투자로 촬영 여건과 예산을 보장받는 상업영화에 비해, 독립영화는 여러모로 불리한 환경에 놓여 있다. 하지만 자본에서 자유로운 만큼 전하고 싶은 메시지를 자유롭게 전할 수 있고, 순수한 예술성도 펼쳐 보일 수 있다.

그녀는 열악한 독립영화의 촬영 환경, 즉 다소 불편할 수 있는 소재를 전혀 불편하지 않은 톤으로 재치 있게 전하는 여유를 보였다. 게다가 그런 환경 속에서도 함께 최선을 다해 영화의 작품성과 예술성 또한 잘 살려냈다니, 자신뿐만 아니라 함께한 모든 스태프도 빛나게 만든 셈이다.

이와는 다른, 정반대의 예도 있다. 2022년 아카데미 시상식장에서는 희대의 사건이 벌어졌다. 시상자로 나선 코미디언 크리스 록이 공개적으로 월 스미스의 부인 제이다 핀켓 스미스를 상대로 적절하지 않은 유머를 구사한 것이다.

"제이다, 나는 영화 「지 아이 제인G.I. Jane」 시즌 2를 기대하고 있어요!"

영화 「지 아이 제인」에는 미 해군 특수부대에 입대한 여주인공 데미 무어가 출연한다. 크리스 록은 윌 스미스의 아내 제이다 핀켓 스미스의 삭발한 모습을 영화 속 데미 무어의 모습에 견주면서, 그 영화의 시즌 2를 기대한다는 농담을 한 것이다.

문제는 그녀가 자가면역질환을 앓으며 탈모가 생겨 부득이하게 삭발했다는 것. 스타일링 차원이 아니라 건강상의 문제인데, 이를 유머의 소재로 삼은 것이다.

이에 격분한 윌 스미스가 무대로 올라와 크리스 록의 뺨을 세게 때렸다. 명백한 폭행인지라 이후 윌 스미스가 사과했음에도 한동안 논란이 가라앉지 않았지만, 크리스 록의 유머 또한 시대적 감수성이 떨어지는 측면이 있었다.

크리스 록은 절대 하지 말아야 할 유머가 무엇인지를 보여준 셈이 됐다. 의도했든 의도하지 않았든 상대에 대한 배려가 부족했고, 상대의 외모를 유머의 소재로 삼은 것 자

유머를 잘 구사하는 것은

소통의 섬세한 기술을 익혀가는 과정이다.

한끗 차로 불편함을 야기할 수도 있지만,

세심한 수위 조절로 무거운 분위기를

반전시킬 수도 있다.

체가 유쾌하지 않았다. 듣는 입장에서도 은연중에 그 유머의 상대가 내가 될 수도 있다는 생각에 쉽게 공감하기도 어렵다.

유머는 상황에 적절하게 녹아들 때 빛이 난다. 진짜 웃음 대신 쓴웃음, 코웃음을 사지 않으려면 상황을 정확히 파악해야 하고, 적절한 단어를 골라야 하며, 이때다 싶은 타이밍에 말해야 한다. 분위기 파악, 어휘력, 타이밍, 센스 등이 유머의 요건인 셈이다.

마지막으로 소개하고 싶은 유머에 대한 일화가 있다. 장소는 유머와는 도통 어울리지 않는 장례식장, 추도사를 읽고 있는 이는 조지 W. 부시 전 대통령이다. 2대에 걸쳐 대통령 자리에 오르게 된 '아들 대통령'은 '아버지 대통령'인 조지 H.W. 부시 전 대통령을 기리며 다음과 같이 말했다.

"사람은 최대한 젊은 상태로 늦게 죽어야 한다는 말을 언젠가 들은 적이 있습니다. 아버지는 젊은 시절 두 번의 죽을 고비를 넘겼습니다. 10대 때 포도상구균에 감염돼 목숨을 잃을 뻔했고, 군 복무 시절에는 태평양에서 혼자 구명보트에

탄 채 구조대원을 기다리기도 했습니다. … (중략) … 아버지는 우리에게 완벽에 가까웠습니다. 하지만 완전하지는 않았습니다. 그의 골프 쇼트 게임은 엉망이었고, 춤 실력도 별로였습니다. 아버지는 채소를 못 먹었습니다. 특히 브로콜리요. 그런데 그 유전적 결함을 우리들에게 물려줬습니다. 위대하고 고귀한 남자, 최고의 아버지! 슬프지만 웃으려고 합니다. 아버지가 동생 로빈을 안고 어머니와 손잡고 계신다는 것을 알기 때문입니다."

2018년 국장國葬으로 치러진 이날의 장례식에는 도널드 트럼프를 비롯해 부시와 버락 오바마, 빌 클린턴, 지미 카터 등 당시의 전·현직 대통령이 참석했다. 엄숙한 분위기, 무거운 슬픔 속에서도 참석자들이 고인을 기리며 잠시나마 웃을 수 있도록 배려한 그의 유머는 탁월했다.

유머를 잘 구사하는 것은 소통의 섬세한 기술을 익혀가는 과정이다. 한끗 차로 불편함을 야기할 수도 있지만, 세심한 수위 조절로 무거운 분위기를 반전시킬 수도 있다.

앞서 소개한 윤여정, 크리스 록, 부시의 유머가 어떻게 달

랐기에 이처럼 천차만별의 결과를 얻은 것인지 다시 한번 곱씹어본다면, 적재적소에 '유머의 힘'을 잘 활용하는 데 도움을 받을 수 있을 것이다.

말문을
여는

칭찬의
힘

낯선 사람과 대화를 처음 시작해야 할 때, 어떤 말로 상대를 편안하게 해줄 수 있을까. 특히 스타와 인터뷰를 시작할 때 이 고민을 많이 했는데, 인터뷰를 이끌어야 하는 나보다 더 먼저 칭찬으로 말문을 열어준 스타가 있었으니 바로 휴 잭맨과 다니엘 헤니이다. 두 스타는 당시에 영화「엑스맨 탄생: 울버린X-Men Origins : Wolverine」을 홍보하기 위해 내한했다.

인터뷰 장소에 들어서는 두 사람을 보자마자 압도되는 듯한 느낌을 받았다. 하긴 영화 속의 히어로가 현실 세계로 튀어나온 셈이니 아우라가 대단할 수밖에…. 카메라와 조명 세팅을 하는 동안 가벼운 대화들이 오갔다.

휴 잭맨은 많은 말을 하진 않았지만, 눈빛이 굉장히 인상적이었다. 나는 대화를 나눌 때 상대의 눈빛을 잘 관찰하는 편이다. 눈빛에는 많은 메시지가 담겨 있다. 상대가 대화를 재밌어하는지 지루해하는지, 나에게 친근감을 가지고 있는지 적대적인지 등. 꽤 많은 정보를 눈빛에서 포착할 수 있다.

휴 잭맨의 눈빛은 빨려갈 듯 깊어서 마치 이렇게 말하고 있는 듯했다.

"당신과의 대화에 집중하고 있어요."

그의 성격이 어떻든, 그가 쓰는 언어가 무엇이든지 간에 깊은 대화를 나눌 수 있을 것만 같은 눈빛이었다. 그 눈빛으로 그가 인터뷰 전 나에게 가장 먼저 건넨 것은 바로 '칭찬의 말'이었다.

그는 "당신의 수트와 타이가 멋지다"는 말로 입을 열었다. 나는 속으로 이렇게 말했다.

'내가 멋져 봤자 당신보다 멋지겠어요?'

순간 이런 고민이 뇌리를 스쳤다. '이 넥타이를 풀어서 선물로 줘야 하나? 아니야, 아니야. 최동석! 네 앞에 있는 사람은 세계적인 스타라고. 네가 맨 넥타이 따위는 필요하지 않아.'

연이어 그의 칭찬 펀치가 날아들었다.

"당신의 시계도 정말 멋져요."

나는 다소 당황했다. 면세점에서 40만 원 정도 주고 샀던 시계였다. 하지만 그의 눈빛이 너무 그윽해 잠시 또 고민에 빠졌다. '정말로 맘에 들어 하는 눈빛인데 내 시계를 선물로 줄까? 아니야, 아니야. 최동석! 네 앞에 있는 이 스타가 정말이 시계가 필요해서 칭찬했겠어?'

짧은 시간 동안 오만가지 고민이 스쳤지만, 어색한 시간을 칭찬의 말로 편안하게 열어준 그에게 내심 고마웠다.

함께 인터뷰한 다니엘 헤니 역시 가벼운 칭찬으로 대화를 부드럽게 풀어주는 재주가 있었다. 나의 영어는 가벼운 대화를 나눌 정도의 수준인데, 인터뷰하던 다니엘이 놀랍다는 듯

낯선 사람과 대화를 처음 시작해야 할 때,

어떤 말로 상대를 편안하게 해줄 수 있을까.

'눈에 잘 보이는 것부터',

'대화 중에 발견한 작은 장점까지도'

칭찬하는 것이 부드럽게 말문을 여는 방법이다.

"영어를 잘하시네요"라고 칭찬하며 분위기를 띄웠다.

나는 "아니에요, 외국에 나가서 영어를 배운 적도 없는걸요"라고 답했는데, 더 놀라워하며 휴 잭맨에게 "이분 한국에서만 공부했는데도 이 정도 영어를 한다네요"라고 칭찬의 말을 건네며 긴장을 풀어주었다.

사실 우리는 칭찬하는 문화에 인색한 편이다. 일단 과하지 않고, 어색하지 않게, 진정성을 담아 칭찬하는 법을 훈련받을 기회가 그간 많지 않았다. 여기에 상대의 눈을 똑바로 보는 건 예의에 다소 어긋난다고 생각해온 문화도 은근하게 깔려 있다.

하지만 이제는 다소곳이 눈을 내리깔고 진심을 전하는 것이 통하는 시대는 지났다. 낯선 이와 대화를 시작할 때 가볍고 부드럽게 칭찬으로 말문을 여는 두 스타를 보면서 '눈에 잘 보이는 것부터', '대화 중에 발견한 작은 장점까지도' 칭찬하는 법을 배웠다. 더불어 상대를 지그시 바라보는 것 역시 예의에 어긋나는 것이 아니라 상대와의 대화에 집중하고 있는 신호라는 것도 체득할 수 있었다.

메시지의
이면을

보는
일

내가 사는 제주에는 브랜드 카페가 많지 않다. 근처에 스타벅스가 있다는 것만으로도 뭔가 혜택을 누리고 있다고 봐야 할 정도다. 집 근처에 있는 스타벅스는 저녁 6시 반이면 문을 닫는다. 처음에는 농사짓는 분들이 많아서 저녁에는 커피를 마시지 않나 보다 생각했다.

그런데 제주에 살면서 그 속사정을 알게 되었다. 제주에서는 일할 사람을 구하기 쉽지 않다. 교통편도 마땅치 않아서 도심 지역을 제외하면, 늦은 시간까지 일할 사람을 찾는게 매우 어렵다. 그래서 동네 가게들은 어쩔 수 없이 일찍 문을 닫을 수밖에 없는 것이다.

얼마 전 강의가 있어 서울에 갔다. 시간이 애매하게 남아서 밀린 업무도 처리할 겸 여의도에서 가끔 이용하던 카페에

들렀다. 자리에 앉아 이것저것 업무를 보다가 창밖으로 시선을 돌렸는데, 유리창에 눈에 띄는 문구가 보였다.

'24 HOURS OPEN!'

그렇다. 24시간 운영하는 카페다! 문득 그 문구가 너무나 생경하게 다가왔다. '어떻게 카페가 24시간 운영될 수 있지?' 벌써 제주 사람이 다 된 건지 밤을 지나 새벽까지 카페가 운영된다는 사실이 영 어색하게만 느껴졌다.

24시간 카페의 운영이 가능한 건 누군가 꼬박 밤시간에 카페에서 일하기 때문일 것이다. 누군가의 희생으로 소비자가 시간에 관계없이 카페를 이용할 수 있는 혜택을 누리고 있는 것이리라.

이 사실을 감안하니 마냥 편의적 측면에서 생각할 수만은 없었다. 나의 저녁이 소중하다면, 그들의 저녁도 소중할 것이다. 늦은 저녁, 안락한 카페에서 소중한 사람과 대화하고 차를 마시는 걸 즐기는 대가로, 누군가는 불편을 감내하며 일하고 있다고 생각하니 마음이 가볍지만은 않았다.

언론에서 흘러나오는 말들,

주변 사람들이 던지는 메시지,

길거리 가게 간판에 붙어 있는 문구라도 좋다.

눈앞에 보이는 것만 보지 않고,

눈에 보이지 않는 것을 보기 위한

이런 작은 노력이 모이면,

분명 세상은 지금보다 훨씬

살 만한 곳이 될 테니까.

이런 반론도 있을 수 있겠다. 일하는 사람도 그 시간에 일하고 싶어서, 혹은 필요해서 일할 수 있는 것 아니냐고 말이다. 물론 가능한 얘기지만, 밤을 꼬박 새우는 저녁 근무가 어떻게 마냥 편할 수가 있을까.

나 역시 이 이슈가 궁금해 소셜 미디어에 질문을 던져보았다. 실제로 카페에서 일하는 몇몇 분들이 댓글을 달았다. 사실 저녁 근무가 힘들고, 불행하다는 내용이었다. 저녁에 일하는 게 체력적으로도 힘들뿐더러 남들이 안락한 저녁을 보내는 걸 지켜보며 일하노라면 상대적으로 자신이 더 불행하게 느껴질 때가 있다는 것이다. 유리창에 붙은 '24 HOURS OPEN!'이라는 메시지의 이면에는 이런 고충과 어려움도 담겨 있었다.

기업들이 내놓는 화려한 수식어가 붙은 서비스들은 언뜻 보기에 소비자 입장에서 굉장한 편익을 제공하고 있는 것 같다. 하지만 조금만 깊이 생각해보면, 동전의 양면처럼 '편의'라는 얼굴 뒷면에는 그만큼의 '불편'을 감내하고 있을 누군가가 반드시 존재한다. 그들이 보수를 받았다고 해서 소비자가 모든 값을 다 치렀다고 할 수 있을까. 24시간 운영하는 카페를 예로 들긴 했지만, 우리 사회에 열악한 환경과 조건에서 일하는 분들이 너무나도 많다.

더불어 아주 작고 사소한 메시지라도 표면적 내용뿐만 아니라 그 이면에 숨겨진 이슈에 대해 관찰하고 고민하는 습관을 가지면 좋겠다. 언론에서 흘러나오는 말들, 주변 사람들이 던지는 메시지, 길거리 가게 간판에 붙어 있는 문구라도 좋다. 눈앞에 보이는 것만 보지 않고, 눈에 보이지 않는 것을 보기 위한 이런 작은 노력이 모이면, 분명 세상은 지금보다 훨씬 살 만한 곳이 될 테니까.

자신이 말하는 모습을 본 적 있는가?

"어떻게 해야 말을 잘할 수 있냐?"고 묻는 당신에게, 나는 이렇게 되묻고 싶다.

1. 스스로 말하는 모습을 본 적이 있는가?

2. 마이크를 타고 울려 퍼지는 자신의 목소리가 낯설게 느껴지진 않는가?

3. 말할 때 어떤 어휘를 사용하고, 어떤 억양을 가졌는가?

4. 말할 때 안 좋은 습관은 무엇인가?

5. 말할 때 어떤 제스처를 주로 사용하는가?

아무리 질문을 던져 보아도 딱히 떠오르는 대답이 없다. 왜 그럴까? 자신이 어떻게 말하는지 본 적도, 들은 적도 없기 때문이다. 일반인이 자신이 말하는 모습, 말하는 습관 등을 대면할 기회는 많지 않다. 자신이 어떻게 말하는지도 모르면서 "어떻게 하면 말을 잘할 수 있냐?"고 묻는 것은 마치 내비게이션 없이 알래스카의 김상덕 씨 집을 찾겠다는 것과 별반 다르지 않다.

1. 말 잘하는 능력은 연습량에 비례한다

우선, 남들 앞에서 많이 말해보는 경험과 연습이 중요하다. 보통의 사람이라면 학교에서 발표하느라 몇 번, 대학에서 과제 발표로 몇 번, 회사에서 프로젝트 발표로 몇 번 말해본 게 다일 수도 있다. 평생 채 백 번도 되지 않는 횟수만큼만 말할 기회를 갖는 것이다.

나는 20년 가까이 아나운서 일을 하며 거의 매일 방송을 했다. 많게는 하루에 네댓 번도 방송을 했으니 남들 앞에서 말한 게 대략 만 번은 족히 넘을 것이다. 여러 청중 앞에서 백 번 말한 사람과 만 번 넘게 말한 사람 중 누가 더 유창할지는 굳이 비교할 필요가 없을 것이다.

여기서 중요한 건 단지 횟수로서의 비교가 아니라, 그 횟수에 따라 노력의 과정이 더해지고 개선의 과정이 더해지면 좋아질 수밖에 없다는 얘기를 하는 것이다. 열 번 해보는 것보다 백 번 해보는 것이 좋고, 백 번보다는 천 번이 좋을 수밖에 없다. 남들 앞에서 말해본 적도 별로 없으면서 말을 잘하고 싶다는 건, 시험공부도 하지 않고 수능 만점 받고 싶다는 말과 같다.

2. 말하는 모습을 녹화하거나, 목소리를 녹음하라

자신이 말하는 모습을 녹화하거나 자신의 목소리를 녹음해서 객관적인 관점으로 보고 들어보는 과정을 경험해보면, 생각보다 짧은 시간에 놀라울 정도로 말하기 실력이 향상된다. 사실 기본적인 실력을 갖추고 입사한 아나운서들도 처음 방송을 시작할 때는 어설프기 마련이다. 하지만 직업이기에 자신의 방송을 모니터링할 기회를 자주 갖고, 자기 자신이 어떻게 말하는지 파악하는 과정을 거치며 점점 말하기에 대한 숙련도가 높아지는 것이다.

사실 처음에는 녹화된 화면 속 자신의 모습과 목소리가 마치 다른 사람인 양 어색하게 마련이다. 눈을 깜빡이기도 하고 초조해서 손을 쥐어뜯기도 한다. 고개가 비뚤어진 모습도 보이고, 어미마다 숨을 끊어가며 침을 꼴깍 삼키기도 한다. "에", "저", "그"와 같은 추임새도 거슬린다.

이런 단점은 반드시 모니터링을 해봐야만 확인할 수 있는 것들이다. 이제 단점을 알았다면 고치기 위해 노력하면 된다. 나의 단점을 인지한 것만으로도 교정의 효과는 나타난다. 다음번에 말할 기회가 오면 스스로 인지한 단점을 신경 쓰기 때문이다.

심지어 외모도 점차 세련돼진다. 방송가에서는 이른바 '카메라 마사지 효과'라고 하는데, 성형수술이나 시술을 받은 것도 아닌데 외모가 점차 훌륭해져 오해를 사기도 한다. 모니터링을 하다 보면 외모의 단점도 눈에 들어오고 개선하려는 노력이 더해지기에 여러 면에서 점차 나아질 수밖에 없다.

3. '나와 마주하는 시간'이 필요하다

이와 같은 과정에서 남들의 평가도 중요하지만, 가장 중요한 건 나 스스로 문제점에 대해 치열하게 고민하고 연습해야 한다는 것이다.

예를 들어, 아나운서실에서는 한 달에 한 번 '합평회'라는 것을 한다. 합평회 대상자를 정하고 그 사람의 방송을 구성원들 모두가 모니터링하며 장단점을 분석하고 조언하는 형식이다. 말하는 습관부터 외모까지 총체적으로 평가하다 보니 외부 사람들이 보기엔 지나치게 가혹한 과정으로 비칠 수도 있겠다.

하지만 이 과정 속에서 가장 중요한 것은 스스로 문제점을 인식하고 바꾸려고 노력하는 것이다. 나의 발성, 발음, 말하는 습관은 어찌 보면 수십 년 동안 살아오면서 나의 신체 기관에 맞게 최적화된 결과물일 수 있다. 내 몸이나 마음 상태, 개인적 특성을 제삼자가 완벽히 이해하는 데는 한계가 있다. 남들의 지적만으로 나의 습관이 단번에 바뀌기 어려운 이유이다.

결과적으로 말을 잘하기 위해서는 '나와 마주하는 시간'이 반드시 필요하다. 하나의 자극제로 다른 사람의 의견을 들어보는 것은 나쁘지 않겠지만, 나의 단점을 고칠 사람은 나여야 한다는 얘기다.

　그 결과가 꼭 유창하게 말하는 모습일 필요는 없다. 우리는 말하는 스킬을 다듬으면서도 본질을 잊지 말아야 한다. '어떻게' 말할지에 대해서만 생각이 매몰되다가 '무엇을' 말할지를 놓치게 되어선 안 된다. 앞에서 이미 강조한 바 있지만, 유려하게 말하는 사람으로 기억되는 것보다 진심 어린 말을 전하는 게 훨씬 더 중요한 일이기 때문이다.

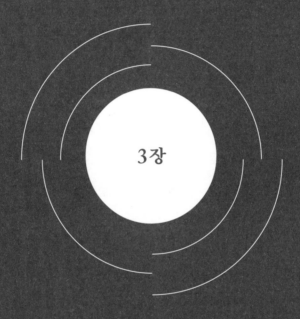

3장

당신의 말이
빛나는 순간

신뢰와 품격을 더해
'말의 힘' 기르는 법

'왜 그의 말은 유독 신뢰가 가고 품격이 느껴지는가.'
'왜 그의 말은 이토록 가슴을 뜨겁게 하는가.'
어떤 정치인의 공약은 국민의 삶을 바꿀 '희망'이 되고,
한 교수의 강연은 누군가의 올바른 판단을 위한 '시선'이 된다.
센스 있는 한 줄 카피는 모두의 '공감'을 사고,
상품의 '가치'를 높인다.
우리는 말이 힘이 되는 시대에 살고 있다.
말의 힘을 기르는 것은 내 체력을 기르는 과정과도 같다.
꾸준히 단련하여 면역을 기르고 체력을 강화해야 한다.
기술이 아니라 내공을 쌓아가는 언어 훈련은
시간이 흐를수록 단단해져 자신만의 무기가 된다.
인생의 가장 빛나는 무기를 부지런히 갈고닦기 위해
당신에게 꼭 필요한 말들을 담았다.

함축의
말,

비유의
말

말을 효과적으로 하는 여러 기법 중에 가장 핵심적인 두 가지를 꼽는다면, 다름 아닌 '함축'과 '비유'가 아닐까 한다. 함축은 '말이나 글 속에 많은 뜻을 담고 있다'는 뜻이고, 비유는 '표현하려는 대상을 다른 대상에 빗대어 나타내는 표현'을 이른다. 두 가지 모두 말 잘하는 사람이 자주 활용하는 표현이자 기법이다.

'함축적 표현'과 '비유적 표현'을 각각 잘 썼던 대표적인 두 정치인을 소개하고자 한다. 바로 손학규 전 경기지사와 故 노회찬 전 국회의원이다. 먼저 이 글이 나의 정치적 성향이나 정치인 선호도와는 아무 관련이 없음을 미리 당부해둔다.

먼저 함축적 표현으로 우리 정치사에 이정표를 남긴 구호가 있으니, 바로 손학규 전 지사의 '저녁이 있는 삶'이다.[4] 이

슬로건은 엄밀히 말하면 공약이다. 정치인 손학규가 이 공약을 실천하기 위해 어떤 노력을 했고 어떤 결과가 있었는지와는 별개로, 이 구호 자체가 가진 파급력은 대단했다. 손학규라는 인물에 대해 그다지 관심이 없던 사람들도 한 번쯤 고개를 돌리도록 만들었으니까.

우리 사회는 산업화 시대를 겪으며 개인의 삶보다 조직과 국가의 발전을 강조해온 측면이 적지 않았다. 사람들은 야근을 밥 먹듯이 했고, 일이 끝나면 회식 자리에 참석해야 했다. 설사 제시간에 퇴근한다 해도 콩나물시루같이 빽빽한 대중교통에 시달리고 나면, 하루를 여유롭게 마무리하는 일은 가히 버거운 임무였다. 내 취미와 꿈을 위한 투자는 요원하고, 가족들과 마주 보며 따뜻한 밥 한 끼 먹기 쉽지 않았다.

하지만 모두의 가슴 한구석에는 자신의 삶을 조금은 여유롭게 돌보고 싶은 욕구가 자리하고 있었다. 당시 '워라밸'이라는 말은 없었지만, 일과 삶의 균형을 찾고 좀 더 행복에 가까운 인생을 살고 싶은 바람이 누구에게나 있었던 것이다.

이때 등장한 정치 슬로건이 사람들의 마음을 움직였다. 정치가 나서서 만들어줘야만 했던 사회적 어젠다가 함축적 슬로건으로 등장했으니 많은 사람들이 반응하지 않을 수 없었을 것이다. '저녁이 있는 삶'이란 표현에 함축된 대중의 바람은 결국 사회와 조직에 희생된 개인의 삶을 돌려주는 과정처럼 느껴졌을 것이다. 이렇게 문제의 본질을 건드린 함축적 표현은 그 어떤 장황한 말보다 사람들의 마음을 크게 움직였다.

한편, 함축적 표현 못지않게 큰 파급력을 갖는 것이 바로 비유적 표현이다. 우리 정치사에 있어 비유적 표현의 달인으로 故 노회찬 의원을 꼽고 싶다.

물론 비유적 표현을 잘 사용하는 다른 정치인들도 많지만, 그의 비유는 유독 서민의 가슴에 꽂히는 힘이 있다. 서민의 시선과 서민의 삶이 녹아 들어간 그의 비유는 이해하기 쉽고, 가슴 깊이 와닿았다.

그가 남긴 비유적 표현 몇 가지를 그대로 옮겨본다. 2013년 2월 노회찬 의원은 삼성 X파일 사건의 떡값 검사들의 실명을 공개한 혐의로 대법원에서 유죄 확정판결을 받으며 국회의원직을 상실했다. 당시 기자회견에서 그는 이렇게 말했다.

문제의 본질을 건드린 '함축적 표현'은

그 어떤 장황한 말보다

사람들의 마음을 크게 움직였다.

위트 있는 '비유적 표현'은

생각이 다소 다른 사람까지도

거부감 없이 메시지를 받아들이게 만드는 힘이 있다.

"뇌물을 줄 것을 지시한 재벌그룹 회장, 뇌물 수수를 모의한 간부들, 뇌물을 전달한 사람, 뇌물을 받은 떡값 검사들이 모두 억울한 피해자이고, 이들에 대한 수사를 촉구한 저는 의원직을 상실할 만한 죄를 저지른 가해자라는 판결입니다. 폐암 환자를 수술한다더니 암 걸린 폐는 그냥 두고, 멀쩡한 위를 들어낸 의료사고와 무엇이 다릅니까?"

17대 총선을 앞두고는 이런 말도 했다.

"50년 동안 썩은 판을 이제 갈아야 합니다. 50년 동안 똑같은 판에서 삼겹살을 구워 먹으면 고기가 새까매집니다. 판을 갈 때가 왔습니다."

실제로 노회찬 의원의 이 판갈이론으로 진보정당은 10명의 국회의원을 배출했다. 그의 비유적 표현은 사안의 본질을 간단명료하게 정리하여, 듣는 이로 하여금 쉽게 수긍하게 만든다. 적확한 비유적 표현의 파급력을 보여주는 예라고 할 수 있다.

그의 비유적 표현을 잘 뜯어보면 '위트'가 묻어난다는 것을 알 수 있다. 위트 있는 비유적 표현은 생각이 다소 다른 사람까지도 거부감 없이 메시지를 받아들이게 만드는 힘이 있다. 재치 있는 그의 어록을 더 이상 들을 수 없다는 것이 아쉬울 따름이다.

말장난이

장난
아니네

최근 넷플릭스 글로벌 순위 1위를 차지할 만큼 선풍적인 인기를 끈 드라마 「이상한 변호사, 우영우」에는 자폐 스펙트럼을 가진 변호사 우영우의 특이한 인사법이 나온다. 사람들을 만날 때마다 자신을 소개하는 이 멘트는 대중 사이에서 큰 유행어가 되기도 했다.

"기러기, 토마토, 스위스, 인도인, 별똥별, 우영우!"

바로 읽어도 거꾸로 읽어도 같은 말의 조합, 역순으로 읽어도 같은 말이 되는 말. '회문回文'이라고 하고, 영어로는 '팰린드롬palindrome'이라고도 한다. 그렇다면 넷플릭스에서 영어 자막을 보는 이들을 위해 이 멘트는 어떻게 번역되었을까?

"Kayak, deed, rotator, noon, racecar, Woo Young-Woo, Civic!"

(카약, 디드, 로테이터, 눈, 레이스카, 우영우, 시빅!)

이것이야말로 언어의 차이를 넘어 말맛을 잘 살린 번역이 아니겠는가!

'팰린드롬'은 그 역사가 무려 2,000여 년에 이르며, 그 자체가 지닌 게임이나 퍼즐의 속성 때문에 언어유희는 물론 문학적 기법으로도 널리 활용되어 왔다. 우영우의 자기소개 멘트를 단순히 같은 의미대로 기능적으로 번역한 것이 아니라, 이 팰린드롬의 유희적 특성 자체를 고스란히 살려 번역했기에 우리가 누린 재미를 전 세계인들 역시 누릴 수 있게 된 것이다.

언어유희를 쉽게 풀어쓰면 '말장난' 정도가 되겠고, 실로 말을 소재로 하는 놀이는 매우 다양하다. 각 행의 첫 글자만 세로로 읽으면 숨은 메시지가 드러나는 '어크로스틱acrostic'도 재미있는 말장난이다. 한자의 한 글자를 여러 개로 나누거나 여러 글자를 한 글자로 합쳐 새로운 뜻을 전하는 파자破字 놀이도 언어유희에 포함된다. 아이들과 즐겨 하는 끝말잇기 역시 언어유희의 즐거움을 준다. 그런데 이런 말장난이 말하기 실력과 무슨 상관이 있을까?

말을 잘하는 이들은 이런 말장난에 능하다. '말'을 친근하게 대하고 자주 함께하며 자유자재로 가지고 놀 수 있다면, 결국 잘할 수밖에 없는 게 당연하지 않겠는가. 놀이처럼 반복하는 언어 훈련은 말하기 능력을 급성장시킨다.

나는 아이들과 이런 말장난을 자주 주고받는 편이다. 동음이의어를 활용하기도 하고, 유사한 발음의 단어를 모아보거나 말의 배치를 바꿔가며 놀기도 한다. 끝말잇기도 자주 하는 편이다. 이런 노력이 통했던 건지 가끔 아이들이 아나운서의 자녀다운 기지(!)를 발휘하기도 한다.

어느 날 등원 준비를 하던 '유치원에 가기 싫은' 아들이 나에게 물었다.

"아빠! 유치원에는 왜 가야 해?"
"이안이는 유치원생이니까 가야지."

말을 잘하는 이들은 이런 말장난에 능하다.
'말'을 친근하게 대하고 자주 함께하며
자유자재로 가지고 놀 수 있다면,
결국 잘할 수밖에 없는 게 당연하지 않겠는가.
놀이처럼 반복하는 언어 훈련은
말하기 능력을 급성장시킨다.

곰곰이 생각하던 아들은 이렇게 말했다.

"아닌데, 나는 '집생(!)'인데?"

유치원에 안 가려고 별수를 다 쓴다 싶기도 했지만, 아이의 말장난에 박수를 칠 수밖에 없었다. 아들은 '집'과 '생生' 각각이 의미하는 바를 알고 글자를 조합해 단어를 만들어낸 것이다. 단순히 말장난이라고 생각하고 넘어갈 수도 있었겠지만, 나는 이를 그냥 넘기지 않고 폭풍 칭찬해주었다. 이런 말장난이 시작이 되어 자신이 말하고 싶은 것을 잘 전달하는 아이, 말을 세련되게 구사하는 어른으로 성장할 수 있을 거라 믿었기 때문이다.

이런 점에서 아이가 어느 정도 컸는데도 계속해서 '베이비 토크'를 나누는 것을 굳이 권하지 않을뿐더러 경계하는 편이다. 아이의 눈높이에서 말하는 것이야 어느 정도 필요하겠지만, 언제까지고 아기를 대하듯 대화할 이유가 없지 않겠는가. 나와 아내는 아이들과 어느 정도 말이 통하면서부터 어려운 어휘를 굳이 거르지 않고 사용한다. 아이들은 생각보다 어려운 단어를 잘 이해하고, 알아듣기 정말 힘들 때는 무슨 뜻인지 물어가며 어휘력을 스스로 잘 늘려간다. 이렇게 말을 배우면 또래보다 확실히 말하기 능력이 좋아진다.

이런 훈련이 거듭되면, 전하고자 하는 메시지를 센스 있게 축약하는 능력도 탁월해진다고 생각한다. 요즘 광고를 보면 언어유희를 활용한 사례가 확실히 눈에 띈다. SSG의 영문 발음을 따서 한 글자로 표현한 '쓱' 마케팅, 롯데면세점 Lotte Duty Free의 영문 첫 자인 LDF를 한글로 형상화한 '냠' 광고 등. 이런 광고들은 언어유희의 일종이지만, 고개를 끄덕이게 하는 '공감'과 무릎을 탁 치게 만드는 '절묘함'이 더해져 상품성을 갖게 된 경우이다.

말장난이 말장난에만 그치리라는 법이 없다. 말장난이 센스가 되고 말하기 실력이 되며 그럴듯한 상품이 될 수도 있다. 시작이 미미하더라도 끝은 창대할 것이라 믿으며, 오늘 밤에도 아이들과 끝말잇기를 하면서 잠들려고 한다.

언어생활에도

'면역'이
필요하다

JTBC「차이나는 클라스」에서 서울대학교 생명과학부 천종식 교수의 강연을 방송한 적이 있다. '위생 가설'에 대한 실험 내용을 소개하였는데, 간단히 요약하면 이렇다.

깨끗한 사육 시설의 생쥐와 자연의 야생 생쥐로부터 각각 장내 미생물을 이식받은 무균 생쥐가 있다. 이들이 치명적 바이러스에 감염되었을 때 12일 후 생존율을 살펴보니, 깨끗한 사육 시설의 생쥐 군은 약 20%, 자연의 야생 생쥐 군은 90% 이상 생존했다. 자연 속에서 자란 야생 쥐의 건강한 장내 미생물이 오히려 바이러스에 대한 저항 능력을 키워준 것이다.

이 실험을 통해 천 교수는 '깨끗한 환경', '멸균'이 반드시 좋은 것만은 아니라고 강조한다. 요즘 아이들이 노는 놀이터만 해도 '흙'을 찾아보기 어려운데, 자연 속 미생물과 점점 멀어지면서 오히려 천식, 아토피 등 각종 질병이 증가하고 있다는 것이다. 도시에서 자란 아이의 아토피 발생률이 더 높은 것만 봐도 알 수 있다. 지나치게 철저한 위생 관리는 되레 자가 면역을 훈련할 기회를 박탈한다. 자연 속에서, 흙 속에서 뒹굴며 자란 아이들이 여러 균과 접촉하며 더 건강하게 자란다는 것이다.

'말'도 마찬가지이다. 바른 말, 고운 말만 듣고 살면 좋겠지만, 아이들이 학교에 가고 세상 밖으로 나가기 시작하면 어쩔 수 없이 각종 비속어, 은어, 욕설 등을 접하게 된다. 가정 안에서만 지낸다면 상관없겠지만, 언제까지 집안에서만 살 수는 없는 노릇이다.

문제는 이런 나쁜 말들을 접하게 되면서 아무렇지 않게 일상에서 사용하게 된다는 것이다.

우리나라의 욕설은 남녀의 성기나 성행위, 또는 성범죄를 묘사하는 내용이 많은 편이다. 하지만 아이들은 그 어원이 무엇인지, 어떤 뜻을 품고 있는지 정확히 모르는 경우가 대다수이다. 그냥 친구들이 사용하니까, 무리 안에서 소위 '인싸(!)'가 되고 싶어서, 혹은 친화적 표현의 하나로 생각하면서 무심코 내뱉는 경우가 적지 않다. 드라마나 영화에도 욕설이 난무한다. 자신이 좋아하는 배우가 쓰는 말이니 따라 쓰고 싶어지고, 이런 이유로 또래들 사이에서 순식간에 이런 거친 표현이 유행어가 되기도 한다.

하지만 이 사실을 꼭 기억했으면 한다. 말은 의식을 지배한다. 또 말이 곧 그 사람이다.

어떤 사람이 궁금할 때 우리는 그 사람의 말을 귀 기울여 듣는다. 그가 어떤 생각을 가지고 있는지 말을 통해 정보를 얻을 수 있기 때문이다.

어릴 때 습관이 된 말투는 자라면서 고치기 어렵기 때문에 적절한 시기에 언어 교육이 반드시 필요하다고 생각한다. 아주 어린 시기에는 이런 표현들을 접하지 않게 애쓰는 것도 어느 정도는 필요하다.

하지만 초등학교에 입학하고 고학년이 되어갈수록 더 이상 '멸균' 상태의 환경에서 아이가 자랄 수 없음을 인정해야 한다. 따라서 나쁜 말, 험한 말을 듣지 않도록 막는 데 집중할 것이 아니라 그 말이 왜 나쁜지 깨닫게 하는 데 초점을 맞춰 말은 의식을 지배한다.

또 말이 곧 그 사람이다.

어떤 사람이 궁금할 때

우리는 그 사람의 말을 귀 기울여 듣는다.

그가 어떤 생각을 가지고 있는지

말을 통해 정보를 얻을 수 있기 때문이다.

야 한다.

KBS 아나운서들이 전국의 초·중·고 학생들을 찾아가 바른말에 대해 강의하는 '찾아가는 바른 우리말 선생님' 사업을 진행한 적이 있다. 욕설이나 은어의 근원에 대해 알아보는 내용을 강의에 포함했는데, 관심도가 꽤 높았고 강의에 대한 호응도 좋았다.

우리의 목적은 나쁜 표현을 굳이 알려주는 데 있는 것이 아니었다. 그런 말들의 어원이 경박스럽고, 인간에 대한 존중의 마음이 결여된 표현이라는 걸 스스로 깨닫게 하는 데 초점을 맞췄다.

이런 표현들이 어떤 뜻을 품고 있는지 정확히 이해하게 되면, 함부로 입 밖으로 내뱉으면 안 된다는 것은 저절로 알게 되기 때문이다.

나쁜 표현을 무조건 안 듣게 하겠다는 건 어차피 무너질 둑을 손가락으로 막고 있는 격이다. 깨끗한 환경에서만 살게할 수 없다면, 올바른 시각으로 판단하며 현실을 접하게 해야 한다.

완전한 '멸균' 상태일 때보다 자연 속에서 뒹굴며 여러 균과 접촉해야 더 건강하게 자라듯 혹여나 나쁜 말을 접하더라도 스스로 걸러낼 수 있는 '면역'을 키워준다면, 설사 좋지 않은 환경에 놓이더라도 아이의 말은 흔들림 없이 바르게 정립돼 나갈 것이다.

간결한
말이

빛나는
순간

아나운서들은 짧게 끊어 말하는 것을 연습한다. 꾸밈말이 많아지고, 문장이 길어질수록 비문非文이 될 확률이 높아지고 메시지 전달력도 떨어진다. 그래서 문학적 표현 등의 예외 상황을 제외하고는 최대한 간결한 메시지로 소통하려고 노력한다.

때로는 간결함을 넘어서 침묵을 택하기도 한다. 많은 청중이 모인 공연장에서 진행자로 나서면 예기치 않은 돌발 상황들이 참 많다. 청중들은 계속해서 웃고 떠들고, 스마트폰을 쳐다보기도 하며, 두리번거리기도 한다. 이럴 때 능숙한 진행자처럼 보이기 위해 이런저런 멘트를 중언부언 늘어놓다 보면, 청중의 웅성거림과 나의 목소리가 하나가 되는 신비한(!) 경험을 하게 될 때도 있다.

이런 때에는 오히려 청중이 정숙할 때까지 아무 말 없이 기다리는 게 효과적이다. 진행자가 아무 말도 하지 않고 청중들을 바라본다고 생각해보자. 청중들은 하던 행동을 멈추고, 주목하게 된다. 실제로 많은 청중 속에서 녹화를 진행했던 KBS「열린음악회」의 아나운서가 자주 사용했던 방법이기도 하다. 침묵이 그 어떤 말보다 강력한 메시지 전달의 효과를 발휘하는 것이다.

보통의 사람들은 청중들 앞에 서면 말을 '잘' 해야 한다는 강박이 있는데, 이 '잘'이 '많이' 해야 하는 것으로 오인되는 경우가 있다. 어려서부터 학습된 측면도 없지 않다. 작열하는 태양 아래 우리는 일렬종대로 늘어서 교장 선생님의 훈화 말씀을 들어야만 했다.

"끝으로…, 마지막으로…, 정말로 마지막으로…, 이 한마디만 더하자면… "

학생 중 누구 하나가 기어이 쓰러져야 끝났던 게임. 청중 앞에선 최대한 준비한 많은 말들을 쏟아내야 좋은 평가를 받

처칠의 연설은 학생들의 심금을 울렸다.

무려 10분간이나 우레와 같은

기립 박수가 터져 나왔다.

그의 간결한 메시지는 모두의 공감을 끌어냈다.

낙담하고 있는 국민들에게

희망의 메시지를 잘 전한 것이다.

는다는 인식이 알게 모르게 우리 몸에 밴 측면이 있다. 그래서 말할 기회가 주어졌을 때, 무슨 말을 해야 할지 몰라 주저하다 짧은 말을 내뱉는 사람을 두고 "싱겁다"거나 "성의가 없다"는 평가를 내리기도 한다.

하지만 메시지는 간결할 때 더욱 힘을 발휘한다. 1941년 영국의 수상 처칠은 자신이 졸업한 해로우 고등학교에서 역사에 길이 남을 '짤막한' 명연설을 남겼다.

"절대로 굴복하지 마라. 절대로 굴복하지 마라. 절대로, 절대로, 절대로! 엄청난 일이든 작은 일이든, 큰일이든 하찮은 일이든, 명예와 양심에 대한 확신 외에는 절대로 굴복하지 마라. 절대로 강압에 굴복하지 마라. 겉보기에 압도하는 적의 힘에 절대로 굴복하지 마라."

"Never give in. Never give in. Never, never, never! - in nothing, great of small, large or pretty - never give in, except to convictions of honour and good sense. Never yield to force. Never yield to the apparently overwhelming might of the enemy."

당시는 제2차 세계 대전이 한창이었고, 영국의 앞날은 불투명했다. 모두가 절망스러운 상황 속에서도 그의 연설이 전하고자 하는 메시지는 간결하고, 분명했다. 절대로 포기하지 말라는 것! 긴말은 필요치 않았다. 첫 문장 'Never give in'을 두 번 외친 후, 한 템포 텀을 두고 'Never, never, never'를 반복하면서 짧지만 강렬한 메시지를 전달했다.

처칠의 연설은 학생들의 심금을 울렸다. 무려 10분간이나 우레와 같은 기립 박수가 터져 나왔다. 학생들 개개인의 앞날에 대한 조언일 수도 있고, 영국 국민에게 총리로서 불굴의 의지를 표현한 것일 수도 있다. 무엇보다 처칠의 연설 때문에 뙤약볕에 쓰러진 사람은 단 한 명도 없었다. 그의 간결한 메시지는 모두의 공감을 끌어냈다. 낙담하고 있는 국민들에게 희망의 메시지를 잘 전한 것이다.

말을 장황하게 하는 순간 득보다는 실이 많다. 그래서 간결하고 효율적으로 말을 잘하는 것은 분명한 장점이다. 일장 연설을 늘어놓는다고 해서 상대방이 더 잘 설득된다고 생각

하면 오산이다. 짧고 간결한 메시지로 상대의 마음을 움직일

수 있다면 모두의 시간과 에너지를 아낄 수 있으니 마다할

이유가 없다.

단단한
구조,

**명확한
메시지**

2004년 미국 민주당 전당대회에서 한 흑인 남성이 연설을 했다. 그의 기조연설은 사람들의 마음을 움직였고, 큰 감동을 주었다. 그는 이 연설을 통해 정치인으로서 존재감을 확실히 드러내며 일약 스타덤에 올랐다. 그리고 5년 후, 미국 역사상 최초로 흑인 대통령이 되었다. 버락 오바마 전 대통령의 이야기이다.

오바마 전 대통령이 국민의 마음을 얻은 요인 중 하나로 그의 탁월한 스피치 능력을 꼽고 싶다. 그는 좋은 음성을 타고났고, 막힘없이 유려한 말솜씨도 가지고 있다. 하지만 단지 이것만으로 역사에 남을 만한 명연설이 탄생하진 않는다.

그의 연설은 청중들의 마음을 뜨겁게 한다. 듣고 있는 모든 이들의 눈과 귀를 집중시키고, 공감하고 감탄하게 했으며, 진심을 담은 뜨거운 박수를 유도했다. 이유가 무엇이었을까?

두고두고 회자되는 명연설에는 공통점이 있다. 국민의 삶과 직접적으로 연관된 이슈가 포함되어야 하고, 현재의 갈등이나 문제 상황을 타개할 비전도 담겨 있어야 한다. 그런데 오바마의 연설은 이 요건을 갖추고도, 또 하나 특별한 점이 있다.

말의 구조가 단단하고 탄탄하다. 주제별로 단락이 잘 나뉘어 있고, 단락을 구성하는 문장 역시 잘 정돈되어 있다. 특히 대칭을 이루며 반복·강조되는 문장 덕분에 메시지가 명확하면서도 강렬하게 전달된다. 그의 연설 중 주목할 만한 부분을 살펴보자.

"제 부모님이 받은 것은 믿기 어려운 사랑뿐만이 아닙니다. 그들은 이 나라의 가능성에 대한 변치 않는 신념도 물려받았습니다. 부모님은 제게 축복이라는 뜻의 아프리카식 이름인 '버락'을 지어주셨습니다. 관대한 미국에서 이름이 성공의 장애물이 되지 않는다고 믿었기 때문입니다. 그들은 상상했습니다. 부자가 아닐지 몰라도 제가 최고의 학교를 다닐 수 있다고 상상했습니다. 왜냐하면 관대한 미국에서 잠재력을 발휘하기 위해 부자일 필요는 없기 때문입니다."

이 단락에서는 '관대한 미국에서⋯ 때문입니다'로 대칭되는 두 문장이 핵심이 되어준다. 문장의 시작과 끝이 같은 단어로 반복되면서 '이름이 성공의 장애물이 되지 않는 나라', '경제적 상황에 관계없이 좋은 교육을 받을 수 있는 나라'를 내용상 뚜렷하게 강조하고 있다.

연설을 듣는 사람들은 환호했고, 기립박수를 치기 시작했다. 지금 우리가 살고 있는 이곳에서 그 어떤 장애물도 극복할 수 있고, 무엇이든 이뤄낼 수 있다는 희망의 메시지를 안겨준 것이다. 반복하며 강조하는 기법은 또 등장한다.

"밤에 아이들 이불을 덮어주면서 그들이 잘 먹고 잘 입고 위험으로부터 안전하다는 것을 알게 되는 것, 아무런 위협 없이 우리 생각을 말할 수 있고 글로 쓸 수 있다는 것, 뇌물을 주지 않고 사업을 할 수 있다는 것, 보복에 대한 두려움 없이

안정적인 구조를 갖춘 말은

세부적으로 어려운 내용이 포함되더라도

전체적인 맥락을 따라잡기에 수월하다.

전달하고자 하는 내용을

쉽게 정리하기에도 좋다.

'내용의 충실함'뿐만 아니라 '구조적 안정성'을

갖춰야 하는 이유가 바로 여기에 있다.

정치 과정에 참여할 수 있다는 것, 우리의 투표가 가치가 있다는 것 같은 신념과 주장이 미국의 진정한 능력입니다."

'~할 수 있는 것'으로 반복되는 이 문단 역시 형식상으로는 마치 리듬을 타듯 운율이 살아 있다. 내용상으로는 일상의 안전, 표현의 자유, 미국인으로서의 자부심을 충분히 느낄 수 있게 한다. 이 부분에서도 기립박수가 터져 나왔다. 박수가 크게 터져 나온 부분은 또 있다.

"어떤 짓이든 괜찮다고 받아들이며 소문을 퍼뜨리는 사람, 네거티브 광고 유포자들에게 나는 오늘 밤 말하고 싶습니다. 진보와 보수의 미국이 따로 있는 것이 아니라 하나 된 미국만이 있다고요. 흑인의 미국, 백인의 미국, 라틴계의 미국, 아시아계의 미국이 있는 것이 아닙니다. 하나 된 미국만이 있을 뿐입니다."

'누군가의 미국'으로 반복되다가 '하나 된 미국'으로 귀결되는 이 부분은 가히 연설의 하이라이트라 할 만하다. 그의 연설은 마치 하나하나 계단을 오르며 축적된 에너지를 정점에서 터뜨리는 듯하다. 점진적으로 한 단계씩 올라가는 탄탄한 구조 속에 메시지의 힘이 분명하게 살아 있다.

대칭과 반복은 메시지의 흐름을 쉽게 예측하게 한다. 익숙한 패턴, 안정적인 구조를 갖추면 듣는 사람 입장에서는 세부적으로 어려운 내용이 포함되더라도 전체적인 맥락을 따라잡기에 수월하다. 연설을 준비하는 쪽에서도 역시 전달하고자 하는 내용을 쉽게 정리할 수 있다. '내용의 충실함'뿐만 아니라 '구조적 안정성'을 갖춰야 하는 이유가 바로 여기에 있다.

창으로
만든

방패
같은 말

1984년 재선에 나선 로널드 레이건 대통령의 당시 나이는 73살이었다. 지금이야 73살이면 한창이란 이야기를 듣지만, 당시에는 재임하기에 나이가 많은 것이 아니냐는 공격이 많았다. 현재 미국 대통령인 조 바이든의 나이가 80살(2023년 기준)인 걸 생각하면 정말 한창인데도 말이다. 심지어 상대 후보인 민주당의 월터 먼데일보다 18살이나 많았기에 어쩌면 그런 공격은 예상 가능한 것이었다. TV 토론에서 고령의 나이에 대해 공격받자 그는 이렇게 답했다.

"저는 상대 후보의 젊음과 부족한 경험을 정치적으로 이용하지 않습니다."

이 한마디로 레이건은 집요한 나이 공격을 물리쳤고, 대선에서 압도적인 대승을 거뒀다. 네거티브를 하지 않겠다는 의도로 풀이될 수도 있겠지만, 할 말은 다 한 자기방어였다. 어리고 경험이 부족한 것보다는 자신의 경륜과 능력이 우월하다는 것을 유권자에게 호소한 셈이다. 마치 창으로 만든 방패 같은 말이었다.

우리에게도 이렇게 위기를 기회로 바꾼 정치인이 있었다. 2002년 새천년민주당의 대선 경선에서 노무현 후보는 장인의 좌익 활동 이력 때문에 색깔론 공세에 시달렸다. 상대당의 후보와 언론뿐만 아니라 자당의 후보로부터도 공격당하는 상황이었다. 그는 정면 돌파를 선택했다.

"제 장인은 좌익 활동을 하다 돌아가셨습니다. 그러나 해방되던 해에 실명해서 앞을 보지 못했기 때문에 무슨 일을 얼마나 했는지 모르겠습니다. 제가 결혼하기 훨씬 전에 돌아가셨는데, 저는 이 사실을 알고 제 아내와 결혼했습니다. 그리고 아이들 잘 키우고, 지금까지 서로 사랑하면서 잘 살고 있습니다. 뭐가 잘못됐습니까? 이런 아내를 버려야 합니까?

네거티브를 하지 않겠다는 의도로

풀이될 수도 있겠지만,

할 말은 다 한 자기방어였다.

어리고 경험이 부족한 것보다는

자신의 경륜과 능력이 우월하다는 것을

유권자에게 호소한 셈이다.

마치 창으로 만든 방패 같은 말이었다.

그렇게 하면 대통령 자격이 있고, 이 아내를 그대로 사랑하면 대통령 자격이 없다는 것입니까? 여러분! 이 자리에서 여러분이 심판해주십시오. 여러분이 자격이 없다고 하신다면 대통령 후보 그만두겠습니다. 여러분이 하라고 하면 열심히 하겠습니다."

정면 돌파의 정석을 보여준 연설이었다. 대한민국 법은 연좌제를 인정하지 않는다. 설사 장인의 잘못이 있었다 해도 딸과 사위와는 무관하다. 심지어 고인은 딸이 어린 나이에 세상을 떠났고, 노무현 후보가 설사 이를 알고 결혼했다 하더라도 법적, 도의적으로 아무런 문제가 없다. 즉 비난받을 이유가 없는 사안임을 강조했다. 상대의 공격이 색깔론이며, 구시대적인 공세임을 분명히 했다.

논리적인 방어 외에 감성적인 호소도 더해졌다. 정치적 입지를 확보하기 위해 조강지처를 버려야 하냐는 호소는 이 사안에서 다룰 수 있는 가장 핵심이 되는 감성적 호소의 포인트였다. 이 연설에 여성들이 반응했다면 바로 이런 이유 때문이었을 것이다.

또한 노무현 후보는 모든 판단을 당원들에게 맡겼다. 사퇴를 각오한 그의 발언은 대선에 임하는 그의 진정성을 사람들에게 각인시켰다. 노무현 전 대통령에 대한 정치적 호불호를 떠나 그는 우리에게 상대의 공격에 어떻게 대처해야 하는지에 대한 모범답안을 보여줬다.

상대가 나를 깎아내리고 공격할 태세로 따지고 들 때 앞의 두 경우를 떠올린다면 현명하게 방어하기에 좋을 것이다. 촘촘하고 논리적인 설명으로 상대가 빠져나갈 수 없도록 하고, 진심을 담은 감성적 호소로 상대를 설득할 수 있다면 어떤 불리한 상황에서도 돌파할 힘이 생길 것이다.

‘말의 힘’을
기르는

핵심

이탈리아의 심리학자 리촐라티Giacomo Rizzolatti는 원숭이를 관찰하며 뇌의 체계를 연구하던 중 특이한 점을 발견했다. 한 원숭이가 다른 원숭이의 행동을 보고만 있는데도 자신이 행동할 때와 마찬가지로 반응하는 뉴런이 있다는 사실이었다. 바로 '거울 뉴런Mirror Neuron'의 발견이었다.[5] 거울 뉴런의 발견이 우리에게 시사하는 바는 무엇일까?

인간은 본능적으로 타인과의 교감을 갈망한다. 거울 뉴런은 인간이 어떻게 공감하고, 어떻게 학습하는지에 대한 과정을 이해하는 실마리가 되어준다. 간접 경험마저 마치 자신이 직접 경험한 것처럼 반응함으로써 학습 시간을 단축하고, 상대방의 행동, 그중에서도 상대의 의도에 기민하게 대응하는 능력을 향상해준다.

이런 거울 뉴런의 역할 때문에 아기는 부모의 웃는 얼굴을 보고 따라 웃는다. 아기가 어설프게 발음하는 "므~"라는 옹알이에 엄마는 "그렇지, 엄마!"라며 아기를 격려하고, 아기는 엄마의 그런 모습을 보고 마침내 "엄마"라는 단어를 정확히 발음할 수 있게 된다. 이런 무한 반복의 학습 과정을 거쳐 아이는 여러 단어를 습득하게 되는 것이다.

처음 이성을 만나는 어색한 소개팅 자리에서도 거울 뉴런은 작용한다. 호감 가는 이성이 턱을 괴면 나도 모르게 턱을 괸다. 맘에 드는 상대가 물을 마시면 나도 모르게 따라 마신다. 이런 무의식적 행동이 우리 뇌 속의 '거울 뉴런' 때문인 것이다.

스피치에서도 이런 거울 뉴런의 메커니즘은 동일하게 작동한다. 미러링 기법이 바로 그것이다. 이른바 말 따라 하기Verbal Mirroring의 위력은 전직 FBI 수사관인 조 내버로의 책 『우리는 어떻게 설득당하는가』에서도 확인할 수 있다.[6] 공범의 정체를 밝히지 않는 범인에게 수사관이 자백하라고 종용하지만, 범인은 수사에 협조하지 않는다.

하지만 온갖 질문에도 꿈쩍하지 않던 그가 결국 공범이

내 말을 듣는 사람이

나에게 집중하고, 공감하고 있다는 느낌을 주는 것.

사실 소통에 있어 그보다 더 중요한 것이 있을까?

결국 이것이 '말의 힘'을 기르는 핵심이 아닐까?

누구인지 자백하게 된다. 왜 그랬을까? 바로 수사관이 사용한 '미러링 기법' 덕분이었다. 신문 과정에서 범인이 사용하는 어휘나 표현들을 수사관이 똑같이 따라 한 것이다. 이런 수사관의 모습을 본 범인의 거울 뉴런이 반응하면서 마음을 열게 되었고, 수사관에게 느낀 친밀감이 결국 공범의 정체를 실토하는 데 결정적 역할을 해준 것이다.

더 깊은 이해를 돕고자 미러링 기법을 가장 잘 적용하고 활용하는 한 사람을 소개하려고 한다. 대한민국 사람이라면 누구나 알고 좋아하는 사람, 바로 유재석 씨다. 얼마 전 tvN 예능 프로그램 「유 퀴즈 온 더 블록」에 대장항문외과 전문의가 출연했다. 진행자들이 장난스럽게 이른바 '급똥'을 참는 비법을 묻자 의사는 자신만의 노하우를 소개한다. 급똥이 밀려올 때 다리를 꼬고 몸을 뒤로 젖혀 화장실 문을 노크하라는 의사의 다소 어이없는 해결책에 유재석 씨는 더 리얼한 '만점 자세'를 재연하며 대화의 국면을 웃음으로 마무리했다.

상대방의 말과 행동을 그대로 따라 한 것만으로도 출연자는 편안함을 느꼈을 것이다. 또 자신에게 진행자가 집중하고 있다는 사실도 자연스럽게 인지하게 되었을 것이다. 특히 방송 경험이 전무한 일반인 출연자에게 이런 편안한 분위기를 느끼게 한다는 것은 탁월한 진행 능력이다. 그가 진행하는 인터뷰를 눈여겨 살펴보면, 출연자의 말을 따라 하는 미러링 기법을 자주 확인할 수 있다.

"아니, 정말 이렇게 했다고요?"
"진짜, 이렇게 말했다고요?"

결국 미러링 기법의 가장 큰 힘은 무엇일까? 내 말을 듣는 사람이 나에게 집중하고, 공감하고 있다는 느낌을 주는 것! 사실 소통에 있어 그보다 더 중요한 것이 있을까? 결국 이것이 '말의 힘'을 기르는 가장 중요한 핵심이 아닐까?

지금
왜

'문해력'인가

초간단 문해력 테스트, 다음의 문장을 한번 살펴보자!

"심심한 사과의 뜻을 전합니다."

여기서 '심심'의 뜻은 뭘까?

① 하는 일 없이 지루하고 재미가 없다. ② 마음의 표현 정도가 매우 깊고 간절하다. ③ 음식 맛이 조금 싱겁다.

어떤 이에겐 너무 쉬운 문제일 테지만, 어떤 이에겐 한참 생각하며 답안을 번갈아 살피게 만드는 문제일 수도 있다. 답은 ②! 놀라운 것은 의외로 ①과 헷갈리는 경우가 꽤 있다는 것이다.

요즘 어른이고 아이고 문해력 부족 문제가 심각하다는데, 사실 문해력 부족은 어휘력 부족과도 직결되어 있다. 단어의 뜻부터 모르면 문장이 의미하는 바를 모르는 게 당연하지 않겠는가.

어휘력 부족을 극복하려면 한자어 공부를 꾸준히 하는 게 도움이 된다. 한자어 공부는 한자 자체를 암기하는 것보다는 각각의 글자 뜻을 알고 조합했을 때의 단어 의미를 유추할 수 있을 정도면 충분하다.

예를 들어보자. '미분'이라는 단어의 한자 '微分'까지 암기할 필요는 없지만 '작을 미, 나눌 분'의 뜻을 알고 단어의 의미를 '미세하게 나눈다'라고 이해하면 이를 모를 때에 비해 학습 이해도와 능률이 훨씬 오를 수밖에 없다. 수학을 공부하는 학생이 이 뜻을 유추할 수 있고 없고는 당연하게도 학습 성취도의 차이로도 나타날 수 있다.

문해력의 부족은 미디어 플랫폼의 변화 때문이기도 하다. 우리는 과거와는 다른 방식으로 콘텐츠를 접하고 소비한다. 예전에는 방영 시간에 맞춰 TV 앞에 둘러앉아 드라마, 스포

카톡으로 업무를 하다 보면,

의외로 소통의 왜곡이 발생하는 경우를 종종 목격한다.

의사소통의 과정이 기록으로 남아

되짚어볼 수 있음에도 왜 오류가 생겨날까?

글을 보는 사람의 이해력도 떨어지고,

글을 쓴 사람의 글솜씨도 신통치 않아서다.

츠 등을 시청했다. 또 문학, 철학, 예술, 경제, 경영, 과학 등
다양한 분야의 정보를 수많은 책을 통해 접했다.

하지만 지금은 스마트폰과 태블릿을 통해 시간에 구애받
지 않고 콘텐츠를 접하고 정보를 얻는다. 특히 이런 콘텐츠
들은 대체로 짧은 시간에 승부를 보는 경우가 많다. 하나의
주제를 가진 영상 콘텐츠가 10~20분을 넘지 않고, 이마저도
더 짧은 단위로 쪼개져 10여 초 남짓의 틱톡, 인스타그램의
릴스, 유튜브의 쇼츠 등이 높은 조회수를 기록한다. 진득하
게 앉아서 생각할 시간 따위는 허락하지 않는다.

이처럼 문해력이 늘기 어려운 미디어 환경 속에 살고 있
지만, 아이러니하게도 의사소통에 있어 문해력은 그 어느 때
보다 중요한 요소가 되었다. 무슨 얘기인고 하니 사람들과
교류하고 대화할 때 직접 대면하거나 통화할 기회가 줄고,
문자나 카톡이 그 자리를 대신 차지하면서 글을 읽고 쓰며
이해하는 능력이 어느 때보다 중요해진 것이다. 전화를 걸고
받는 걸 불편해하는 사람은 점점 많아지고, 웬만한 업무도
문자나 카톡을 통해 해결이 가능하다.

그런데 카톡으로 업무를 하다 보면, 의외로 소통의 왜곡

이 발생하는 경우를 종종 목격한다. 의사소통의 과정이 기록으로 남아 되짚어볼 수 있음에도 왜 오류가 생겨날까?

글을 보는 사람의 이해력도 떨어지고, 글을 쓴 사람의 글솜씨도 신통치 않아서다.

따라서 생각을 잘 정리하고, 그것을 일목요연하게 글로 표현하는 능력, 문해력을 끌어올리는 것이 소통의 질을 높이는 가장 빠른 길이 될 수 있다. 모든 콘텐츠가 짧게 끊어지고 빠르게 지나가는 환경에 놓여 있지만, 그 와중에 '손에서 책을 놓지 않는 습관'은 이런 이유에서라도 반드시 필요한 것이다.

때로
말이

아닌 것들로
말한다

1960년 9월 26일. 이날은 미국의 정치사와 세계사에 있어서 중요한 날이다. 공화당의 리처드 닉슨과 민주당의 존 F. 케네디가 첫 텔레비전 토론을 했기 때문이다. 당시 미국인 7천만 명가량이 TV 토론을 시청했다는 통계가 있다. 2008년 오바마와 매케인의 TV 토론 시청자가 5천2백만 명이었다고 하니 케네디와 닉슨의 토론에 미국인들이 얼마나 큰 관심을 가지고 있었는지 잘 알 수 있다.

TV라는 새로운 매체가 정치 이벤트에 동원되어 막강한 힘을 발휘한 이 사건은 이후 정치의 패러다임을 완전히 전환하는 계기가 되었다. 음성 메시지를 통해 정보가 공유되던 라디오 시대의 쇠퇴가 시작된 시점이기도 하다. 사람들은 TV를 통해 정치인의 모습을 보며 그들의 메시지를 받아들이게 되었다.

주목할 것은 이날 라디오를 통해 토론을 접한 사람들의 경우 닉슨이 토론을 더 잘했다고 평가했지만, TV를 통해 토론을 지켜본 사람들은 케네디가 앞섰다고 평가했다. 토론은 언어를 통해 이뤄졌지만, 비언어적 메시지 또한 막강한 위력을 발휘한다는 것을 대중의 눈을 통해 확인한 계기가 된 것이다.

이날 TV 토론 속 케네디는 여유로워 보였지만, 닉슨은 어딘지 모르게 불편하고 초조해 보였다. 연신 손수건으로 땀을 닦는 행동도 닉슨이 불안해하거나 초조해한다는 인상을 심어주기에 충분했다. 의상의 경우에도 케네디는 인물을 부각하는 검은색 수트에 흰색 셔츠를 입었지만, 닉슨은 다소 노쇠해 보이는 회색 수트를 입어 비교된다.

닉슨은 이날 TV 토론장으로 향하던 중 이미 다친 무릎을 또 리무진 문에 부딪치는 사고를 당했다고 한다. 이러한 속사정까지 미리 알았다면 그의 행동을 어느 정도 짐작하고 이해했겠지만, 이 정보를 알기 전까지 TV 속 그의 말하는 태도는 어쩐지 석연치 않게 느껴질 법하다. 닉슨은 이 토론을 계기로 TV라는 새로운 미디어의 파급력을 느끼고 기피하기 시작했다고 하니 그가 느낀 스트레스가 어느 정도였을지 짐작이 된다.

일상적인 예를 들어보자. 대화를 나눌 때 말하는 사람의 태도나 행동은 마음속을 훤히 드러내는 유리창과 같다. 언뜻 지나치기 쉽지만, 발이 향한 방향만 살펴도 얻을 수 있는 정보가 꽤 있다.

직장 상사와 부하 직원이 대화를 나눈다. 만약 상사가 한쪽 발은 부하 직원을, 또 다른 발은 문 쪽을 향하고 있다면 이건 어떤 의미일까? 그건 아마도 상사가 대화를 빨리 끝내고 저 문밖으로 나가고 싶어 한다는 의미일 수 있다. 눈치가 빠른 직원이라면 대화를 빨리 마무리하는 쪽을 택할 것이다.

사랑하는 사람과 나란히 벤치에 앉는다면 두 사람의 발은 서로를 향할 수밖에 없다. 이렇듯 우리가 대화를 나눌 때 말하는 내용 이외의 신체 언어 또한 생각보다 많은 메시지를 표출한다.

아장아장 걷는 어린아이를 볼 때 나도 모르게 고개를 한쪽으로 기울이며 웃게 된다. 왜 그럴까? 사람의 목에는 경동

목을 기울이며 경동맥 부위를 드러낸다는 건
'나는 당신을 경계하지 않아요'라는 의미이다.
눈썹을 추켜 올리며 환하게 웃고, 팔을 들어 올려
흔든다는 건 귀찮음을 극복하고
'내가 에너지를 써가며 당신을 반기는 거예요'라는
메시지를 전하고 있는 것이다.
우리는 때로 말이 아닌 것들로 말한다.

맥이 흐른다. 이는 가장 중요한 혈관 중 하나이다. 사람이 쓰러지면 경동맥을 짚으며 의식이 있는지 먼저 확인하고, 경동맥이 심하게 손상되면 사망에 이르기도 한다. 그래서 목을 기울이며 경동맥 부위를 드러낸다는 건 '나는 당신을 경계하지 않아요'라는 의미이다. 귀여운 아이나 사랑하는 사람을 보면서 고개를 기울이고 웃게 되는 이유이다.

또 다른 예를 살펴보자. 중력은 지구가 우리를 끌어당기는 힘이다. 이를 거스르는 신체 행위는 필연적으로 에너지가 소비된다. 가령 눈썹을 추켜 올리는 행동, 혹은 팔을 들어올리는 행동 말이다. 누군가 반가운 사람을 만났을 때 눈썹을 추켜 올리며 환하게 웃고, 팔을 들어 올려 흔든다는 건 귀찮음을 극복하고 '내가 에너지를 써가며 당신을 반기는 거예요'라는 메시지를 전하고 있는 것이다.

이 밖에도 대화할 때의 표정, 시선, 손짓 등을 통해 상대가 전하고 싶은 메시지를 읽어낼 수 있다면 상대의 기분이나 컨디션 등을 쉽게 파악할 수 있게 되고, 그에 맞춰 대화의 전략을 신속하게 수정할 수도 있다.

언어적 요소만큼 강력한 소통의 수단인 비언어적 요소는

전하고자 하는 핵심 메시지를 한층 명확하게 보여주기도 하고, 미처 말로 표현하지 못한 부분을 전하는 양념이 되기도 한다.

한마디로 요약하면 바로 이 말이다.

"우리는 때로 말이 아닌 것들로 말한다."

면접 준비를 위한 '질문 나무' 만들기

원하는 학교에 입학하거나 원하는 직업을 갖기 위한 필수적인 관문, 바로 면접이다.

반드시 말을 잘해야 할 상황 중 하나가 바로 면접시험을 볼 때인데, 어떻게 준비해야 할지 막막하다면 과정 자체가 곤혹스럽고 결과 또한 좋을 리 없다. 부담이 큰 만큼 피하고 싶은 마음도 들 수 있겠지만, 철저한 준비로 부담감을 극복하고 자신감을 쌓아나가는 것이 중요하다. 작은 성공 경험으로 자신감을 차곡차곡 쌓으면, 실전에서도 대담하게 맞서 좋은 성과를 낼 수 있을 것이다.

우선 면접의 목적부터 파악해보자. 왜 면접을 보는 것일까? 사실 어떤 면접이든지 본질은 하나다. 당신이 어떤 사람인지 궁금한 것이다.

1. 어떤 환경에서 자랐고, 어떤 성향을 가지고 있나?

2. 어떤 재능과 능력으로 우리 조직에 잘 적응해서 훌륭한 성과를 낼

   수 있을까?

이것을 여러 질문을 통해 묻고 답하며 검증해보는 것이다.

결국 면접은 당신을 잘 설명해야 하는 자리라고 할 수 있다. 잘 설명하려면 제대로 알아야 하는데, 생각보다 자신이 어떤 사람인지 제대로 파악하고 있는 경우가 많지 않다. 이때 필요한 것이 바로 '질문 나무'이다. 중심 기둥이 되는 질문과 가지를 뻗어나간 질문들을 통해 자신을 잘 이해하고, 면접 또한 철저히 대비한다면 좋은 성과를 낼 수 있을 것이다.

1. 질문 나무, 어떻게 기둥을 세울까?

그렇다면 '질문 나무'를 어떻게 만들어야 할까? 면접을 위한 질문 나무의 중심 질문은 크게 두 가지 방향으로 나눠볼 수 있다. 첫 번째 방향은 자신의 성격, 취미, 인간관계, 가정환

경, 인생 목표 등 자신을 잘 파악하기 위한 질문을, 두 번째 방향은 성공 경험, 지원 계기, 입사 혹은 합격 후 포부, 전문성, 리더십 등 해당 분야의 역량을 측정하기 위한 질문을 추려보는 것이다.

첫 번째 방향에서 "삶에서 가장 중요하게 생각하는 부분은 무엇인가?", "남들이 보는 나는 어떤 사람인가?", "인간관계를 유지하기 위한 자신만의 노하우는?", "인생의 버킷리스트가 무엇인가?", "평소 책을 좋아하는가?", "쉬는 날 무엇을 하며 시간을 보내는가?" 등의 질문이 도출될 수 있다.

두 번째 방향에서는 "팀을 이뤄 성취한 직무 관련 경험이 무엇인가?", "이 분야에서 존경하는 사람이 누구인가?", "합격 이후의 구체적인 계획은 무엇인가?", "팀 내 성과가 부진한 동료가 있다면 어떻게 끌어줄 것인가?", "이곳에서 무엇을 이루고 싶은가?" 등의 질문을 뽑아볼 수 있겠다.

질문 나무의 기둥이 되는 질문을 튼튼하고 건실하게 잘 세워두면, 향후 가지를 다양하게 뻗어나가기도 매우 수월하다. 이 과정은 자신이 어떤 사람인지, 직무 역량은 충분한지 스스로 입체적으로 살펴보고 검증해보는 첫걸음이다.

2. 질문 나무, 어떻게 가지를 칠까?

이렇게 다양한 분야의 기둥 질문을 정했다면, 이제 가지를 뻗어나갈 차례. 만약 "당신은 책을 좋아합니까?"라는 물음이 기둥 질문이라면, 다음의 세 가지 질문으로 가지를 뻗어나갈 수 있다. "최근에 읽은 책은 무엇입니까?"; "가장 감명 깊게 읽은 책은 무엇입니까?"; "가장 좋아하는 작가는 누구입니까?" 이렇게 말이다.

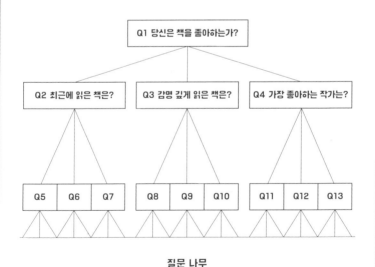

질문 나무

기둥 질문과 가지 질문이 정해지면, 이에 대해 본인의 답변을 작성해본다. 최대한 자세히 적어보는 것이 좋지만, 그것이 어렵다면 요약된 내용을 적어보는 것만으로도 도움이 된다.

이렇게 기둥 질문에서 3개의 가지를 뻗어나가는 1단계 과정을 거치면, 모두 4개의 질문과 답을 정리할 수 있다. 또 그 답에 대한 질문을 3개씩 더 만들어 보는 과정을 반복하면, 모두 몇 개의 질문과 답을 만들 수 있을까?

$$1 + 3 + 3^2 + 3^3 + 3^4 + \cdots$$

1단계를 거치면 모두 4개의 질문과 답, 2단계를 거치면 모두 13개의 질문과 답, 3단계를 거치면 40개의 질문과 답, 4단계를 거치면 모두 121개의 질문과 답이 완성된다. 이렇게 4단계만 준비해도 100개를 훌쩍 넘는 질문과 답이 정리되는 것이다.

실제로 앞의 '질문 나무'의 질문은 KBS 아나운서 최종 면접인 사장단 면접에서 받았던 질문이기도 했다. 당시 정연주

KBS 사장은 나에게 "자네는 책을 좋아하나?"라고 물었다. 이 질문은 내가 미리 준비했던 '질문 나무'에 있었던 질문이라 답하는 과정에서 큰 도움이 되었다. 연이어 던진 질문 역시 '가지 질문'에 포함되어 있던 터라 당황하지 않고 상세하고 소신 있게 답변할 수 있었다.

만약 여러분이 어떤 면접장에 가게 되었다고 가정해보자. 그곳에서 받는 질문 중에 상당 부분은 미리 준비한 질문 나무에 포함되어 있을 가능성이 높다. 그런데도 이를 준비하지 않는다면, 어렵게 얻은 소중한 기회를 날리는 것이 될 수도 있다.

면접시험을 앞두고 무얼 준비해야 할지 막막했다면 질문 나무를 만들어보는 이 과정은 꽤 유용할 것이다. 다양한 질문을 뽑고 답을 구해보는 과정에서 스스로를 객관적으로 파악하고, 답변 과정을 시뮬레이션해보며 자신감을 쌓아 나갈 수 있기 때문이다.

말이 넘쳐나는 세상, 어떻게 말을 갈고닦을까

10여 년 전이었던 것으로 기억한다. 소설가 조정래 선생님과 인터뷰한 적이 있다. 댁에 찾아가서 이런저런 이야기를 나눴다. 그리고 작가가 책 한 권을 쓰기 위해 얼마나 많은 자료를 준비하고, 얼마나 많은 책을 읽고 공부하는지 두 눈으로 확인한 이후에 절대 책은 쓰지 말아야겠다고 다짐했다. 훌륭한 글을 쓰기 위한 작가의 책임감이란 감히 짐작조차 하기 힘든 숭고함이라는 생각이 머릿속 깊이 박혔다.

그랬던 내가 책을 쓰기로 마음먹은 것은 클랩북스 최혜진 에디터 덕분이다. 어느 날 제주에까지 나를 찾아와 설득해주었고, 책을 쓰는 내내 길잡이 역할을 해주었다. 탈고 후에는 책을 풍성하고 윤이 나게 해주었다. 또한 보잘것없는 사람의 책에 혼을 불어넣어주신 클랩북스 이주화 대표를 비롯해 출간을 도와준 관계자 여러분께도 지면을 빌려 감사의 말을 전한다.

글을 쓰기 시작할 때부터 마무리할 때까지 오로지 한 가지만 생각했다. 독자들의 시간을 잡아먹지 않는 의미 있는 내용을 담아보자는 것이다. 말이 넘쳐나는 세상, 그것도 갈등의 말이 세상을 어지럽히는 이 시대에 우리의 말을 어떻게 갈고닦을지 고민할 수 있는 계기가 되기를 바랐다.

책을 쓰는 과정은 부족한 나의 내면의 세계와 마주하고, 깊이 반성하는 시간이었다. 이제 그 반성의 시간에서 잠시나마 벗어날 수 있음에 홀가분함을 느낀다.

가족이 해체되고, 교육이 무너지고, 정치가 반목하며, 사회가 갈등으로 치닫는 가장 큰 원인은 바로 말 때문이다. 상대를 비난하고 공격하는 말, 미워하고 저주하는 말이 서로의 마음을 아프게 하고 영혼을 갉아먹는다. 이제 그런 부정의 말들을 거둬들이고 서로를 위로하고 걱정하며 격려하는, 그리고 무엇보다 사랑으로 대하는 말들이 넘쳐나길 바란다.

책을 준비하고 글을 쓰는 오랜 시간 동안 남편과 아빠로서 소홀할 수밖에 없었음에도 불평하지 않고 기다려준 가족에게 감사의 마음을 전하고 싶다. 사랑하는 아내 지윤과 세상 가장 소중한 다인과 이안에게 이 책을 바친다. 부디 우리 아이들이 살아갈 세상에는 아름다운 사랑의 말들이 가득하길 바란다.

참고 문헌

1 / 이제영, 『커뮤니케이션과 미디어의 이해』, 시간의물레, 2022.

2 / 닐 스티븐슨, 『스노 크래시 1, 2 : 메타버스의 시대』(개정판), 남명성 역, 문학세계사, 2021.
[원서 : Snow Crash]

3 / 스티븐 코비, 『성공하는 사람들의 7가지 습관』, 김경섭 역, 김영사, 2017.
[원서 : The Seven Habits of Highly Effective People]

4 / 손학규, 『저녁이 있는 삶 ; 손학규의 민생경제론』, 폴리테이아, 2012.

5 / Giacomo Rizzolatti, Corrado Sinigaglia, Frances Andersen,
『Mirroring Brains: How we understand others from the inside』,
Oxford University Press, 2023.

6 / 조 내버로, 토니 시아라 포인터, 『우리는 어떻게 설득 당하는가 : FBI에서 배우는 비즈니스 심리학』, 장세현 역, 위즈덤하우스, 2012.
[원서 : Louder Than Words: Take Your Career from Average to Exceptional with the Hidden Power of Nonverbal Intelligence]

말 이 힘 이 될 때

초판 1쇄 발행 2023년 02월 10일
초판 2쇄 발행 2023년 03월 20일

지은이 최동석
펴낸이 김선식, 이주화

기획편집 최혜진
콘텐츠 개발팀 최혜진, 김찬양
디자인 어나더페이퍼

펴낸곳 ㈜클랩북스 **출판등록** 2022년 5월 12일 제2022-000129호
주소 서울시 마포구 독막로3길 39 603호 (서교동)
전화 02-704-1724 **팩스** 02-703-2219
이메일 clab22@dasanimprint.com
인스타그램 instagram.com/clabbooks
페이스북 facebook.com/clabbooks

ISBN 979-11-980605-1-8 (03190)

(주)클랩북스는 독자 여러분의 책에 관한 아이디어와 원고 투고를 기다리고 있습니다.
책 출간을 원하시는 분은 이메일 clab22@dasanimprint.com으로 간단한 개요와 취지, 연락처 등을 보내주세요.
'지혜가 되는 이야기의 시작, 클랩북스'와 함께 꿈을 이루세요.